Inhalt

Netzwerke sind ja nichts Neues

»Glaube vernetzt«, formuliert es der Titel dieses Quatember-heftes bewusst ambivalent. Das heißt einmal: Wo immer Glaube ist, als Vertrauen auf den lebendigen Gott, wird er Menschen »vernetzen« und sie in Beziehung bringen. Und zum anderen heißt es: Glaube ist immer in spezifischen Kontexten vernetzt, wird seine Gestalt verändern je nach der Qualität der Netzwerke, in die er einbezogen ist. Netzwerke sind ja nichts Neues. Der englische Historiker Niall Ferguson[3] hat in seiner monumentalen Studie über Netzwerke der Macht (»Tower«) und der Ökonomie (»Square«) auf die Bedeutung der Netzwerke des Glaubens hingewiesen, die sehr alte, vormoderne Beziehungsmuster und -formen auch unter den Bedingungen der Moderne präsent halten. Die soziologische Netzwerktheorie und -forschung etwa eines Mark Granovetter hat auf die besondere Qualität der schwachen Bindungen hingewiesen, die »strength of weak ties«, die es ermöglicht, dass soziales Leben nicht nur über die Bindungen intensiver Nähe geformt wird.[4] Wie ist dies nun unter den Bedingungen fortschreitender Digitalisierung? Diese führt nicht selten zu einem »overload« an Information und Vernetzung und wird so zu einem Stressfaktor eigener Art, wenn es darum geht, in den vielfältigsten Arenen der Aufmerksamkeit präsent zu sein – und auch nachhaltig zu bleiben. Auch davon wissen Gemeinden zu berichten, dass sie in der Pandemiezeit bewusst in die »sozialen Netzwerke« eingestiegen sind, dies jetzt aber mehr und mehr als Last mit einem hohen Verpflichtungsgrad empfinden. Der Berliner Soziologe Urs Stäheli macht in seiner groß angelegten Studie zur »Soziologie der Entnetzung« darauf aufmerksam, wie sehr Praktiken der Entnetzung in paradoxer Weise Voraussetzung dafür sind, dass Vernetzung überhaupt funktionsfähig bleibt und sich nicht selbst kannibalisiert. Der soziologische Blick schärft auch die Einsicht, dass eine Romantik des Rückzugs aus den digitalen Netzwerken nicht möglich ist. Was wir brauchen, sind ebenso kreative wie kritische Aneignungen der gegenwärtigen Vernetzungsformen, in deren Zentrum Inseln der Entnetzung stehen müssen. Dabei geht es nicht um schlichte Kulturkritik, wohl aber um eine Spiritualität, die von den leibhaften Kernpraktiken der christlichen Tradition geprägt bleibt: »Sie blieben aber beständig beieinander in der Lehre der Apostel und in der Gemeinschaft und im Brotbrechen und im Gebet.« (Apg 2,42)

Was wir brauchen, sind ebenso kreative wie kritische Aneignungen der gegenwärtigen Vernetzungsformen, in deren Zentrum Inseln der Entnetzung stehen müssen.

---

3   Niall Ferguson, The Square and the Tower: Networks, Hierarchies and the Struggle for Global Power, New York: Penguin 2017.
4   Dazu: Boris Holzer, Netzwerke, Bielefeld: transcript ²2010.

Damit bin ich bei Beiträgen dieses Michaelisheftes. *Horst Gorski*, Vizepräsident des Kirchenamtes der EKD und Leiter des Amtes der VELKD, fasst seine an den soziologischen Theorien von Niklas Luhmann und Dirk Baecker geschulten Überlegungen zu geistlicher Existenz im digitalen Zeitalter in die These zusammen: »Es gibt kein Außen«. Anders als menschheitsgeschichtlich frühere Medienrevolutionen ist die digitale Revolution umfassend und kommt mit einer nie da gewesenen Dynamik von Kontrolle, die aber gleichzeitig entgleitet und zu einem Kontrollverlust führt, der nicht mehr gesteuert werden kann. Dies macht eine Spiritualität emotionaler Distanznahme, digitale Asketik, umso nötiger. *Luca Baschera* zeigt in seinem umfangreichen und für das Gedächtnis der Berneuchener wichtigen Aufsatz, wie sehr die Stifterbrüder der Michaelsbruderschaft von Vernetzungen in die Szene der englischen Kommunitäten geprägt waren und auf welche Weise diese ökumenische Mitgift prägend für die Berneuchener wurde. *Petra Reitz* führt in einer eindringenden und konzentrierten Meditation in die Dimension der »In-Ständlichkeit« ein, in eine gleichsam »vernetzte Spiritualität«, die im »Dritten des Gebets« öffnet für den geistlichen »Raum«, innerhalb dessen alle Phänomene von Vernetzung überhaupt nur stattfinden können, der selbst aber immer größer bleibt als diese. *Frank Lilie* skizziert aus seiner Erfahrung als geistliche Leiter des Berneuchener Hauses Kloster Kirchberg, wie Praktiken der Entnetzung in der »Werkstättenlandschaft« (Ernst Jünger) der Moderne immer auf Orte der Entnetzung angewiesen sind. Der Kirchberg ist ein solcher »Andersort« im Sinne der Wortprägung Foucaults, von wo aus dann aber neue, heilsame Wahrnehmungen möglich sind. *Christian Schmidt* folgt einer gegenwärtig verbreiteten populärkulturellen Fährte, der Praxis des Tätowierens, in die Vergangenheit, um von hier aus einen Zugang zur Leibhaftigkeit des Glaubens zu gewinnen. *Heiko Wulfert* hat Texte zusammengestellt und kommentiert, die verdeutlichen, wie sehr christliche Gemeinden und Gemeinschaften in ihrer Frömmigkeit durch Netzwerke geprägt wurden und bis in die Gegenwart geprägt bleiben. Die These der Kommentierung lautet: »Die Kirche Jesu Christi war von Anfang an auf solche Formen der Vernetzung angewiesen, um ihre Einheit zu bewahren und ihre Botschaft an die Welt auszurichten. Das ›Zeitalter der Kommunikation‹ bestand also hier von Anfang an.« Die im Heft abgedruckte Predigt von *Wilgard Hartung* wurde zum Michaelfest 2021 der Gemeinschaft St. Michael Nordkonvent gehalten. Ihr Tenor passt hervorragend in die Turbulenzen unserer Zeit: »Wir haben Bürgerrecht im Himmel durch Gottes endgültige Entscheidung zur Liebe. Satan, Monster

Glaube vernetzt

von Horst Gorski

Konnektivität – so nenne ich ein Phänomen der digitalen Kommunikation, das aus meiner Sicht zu einem neuen anthropologischen Existenzial geworden ist. Und wirklich neue anthropologische Existenziale dürften nicht oft in der Menschheitsgeschichte auftreten. Für dieses Phänomen dürften jüngere Menschen jede Menge Beispiele aus ihrem Alltag erzählen können. Als Mensch etwas vorgerückter Jahre brauchte es einen »Tatort«, um mir schlagartig ins Bewusstsein zu holen, womit wir es zu tun haben:[1]

Als einer von 6,94 Millionen Zuschauern sah ich am 11. Juni 2017 den Tatort »Level X«. Das Mordopfer ist »Prankster«, also einer, der anderen vor laufender Kamera Streiche spielt. Sein Tod ist in seinem eigenen Livestream zu beobachten, allerdings bleiben die Täter unsichtbar. Die Dresdner Kommissare nehmen ihre Arbeit auf in einem Milieu, in dem die Räume, in denen sie Zeugen und Tatverdächtige aufsuchen, mit Kameras bestückt sind; auch am Körper werden Kameras getragen. Während die Ermittler Zeugen und Tatverdächtige befragen, stellen sie fest, dass die Netzgemeinde zusieht, kommentiert und handelt. Als sie in ein Apartment stürmen aus Sorge um das Leben eines möglichen Tatzeugen, finden sie ihn darin blutüberströmt liegen. Während sie Erste Hilfe leisten und Verstärkung anfordern, springt er lachend auf. Auch dies live für die Netzgemeinde zu sehen. Die Kommissare geraten zum Gespött. Unbeirrt setzen sie ihre Arbeit fort.

An diesem »Tatort« wurden mir einige Aspekte der digitalen Kommunikation bewusst: Alles ist jederzeit öffentlich und live zu sehen. Während man unter den Bedingungen des Buchdrucks und auch der Telekommunikation noch nach der Verbreitung und Vermittlung von Informationen gefragt hat (die Zeit benötigten), ist in der digitalisierten Gesellschaft die Resonanz schon da, noch bevor der Handlungsvorgang abgeschlossen ist, und verändert die Handlungsvoraussetzungen. Wenn sich die beteiligten Akteure gleichzeitig in Echtzeit beobachten und in Echtzeit reagieren, entsteht eine *rekursive Irritationsdynamik*, die tendenziell unbegrenzt ist. Aus diesem nicht kontrollierbaren Raum geschieht

---

[1] Der folgende Absatz ist wörtlich entnommen: *Horst Gorski*, Theologie in der digitalen Welt – ein Versuch, PastTheol 107/4 (2018), 187–211. Die anschließenden Gedanken sind eine Zusammenfassung dieses und des Aufsatzes: *Horst Gorski*, Christlicher Glaube in Zeiten digitaler Kommunikation, ZEE 62/4 (2018), 248–262.

jederzeit Unvorhersehbares, Persönliches wird öffentlich und ist der eigenen Kontrolle unversehens entzogen. Wegen der Gleichzeitigkeit von Aktion und Reaktion spricht man von »*Instantaneität*«.

Es ist offenkundig, dass dies mit einem Kontrollverlust einhergeht. Das erleben die Dresdner Kommissare hautnah. Dieser Kontrollverlust bekommt eine Tiefendimension dadurch, dass es nicht nur Menschen sind, die handeln, sondern dass an der vernetzten digitalen Kommunikation mit dem Computer ein Akteur beteiligt ist, der sich auf sein von außen nicht einsehbares Gedächtnis beruft und der kein menschliches Bewusstsein ist.[2] Eine *Leitdifferenz* des digitalen Zeitalters ist folglich »*Kontrollüberschuss/Kontrollverlust*«. Diese Leitdifferenz prägt als eine Art Meta-Trend alle großen Themen unserer Zeit: die Globalisierung, die allein national nicht mehr steuerbare Ökonomie, der Klimawandel, der Terrorismus, die Kriegsgefahr. Die Prägekraft dieser Leitdifferenz macht sich an Unruhe, Gereiztheit und Ängsten in unserer Gesellschaft bemerkbar.

Mehrere andere Begleiterscheinungen digitaler Kommunikation verstärken diese Prägekraft. Kommunikation spannt »einen Horizont selbst erzeugter Ungewissheit auf.«[3] Denn Nachricht bezieht sich auf Nachricht. Da das Individuum nun nicht wissen kann, welche dieser Nachrichten mit ihm zu tun haben, versetzen sie es in einen Modus ständiger Gespanntheit und Wachsamkeit. Nachrichten sind eine Kette von *Irritationen*, zu denen das Individuum sich ununterbrochen in Beziehung setzen muss, ohne das Geschehen kontrollieren zu können. Diese Folge von Kommunikation lief im Zeitalter der Schrift und auch des Buchdrucks noch gemächlich ab. Verbunden mit Instantaneität führt die Dauerirritation zu einer fortwährenden Hyperspannung, die zwar tendenziell endlos ist, aber vermutlich irgendwann an den biologischen Grenzen des menschlichen Bewusstseins enden wird. Wie schwer es ist, sich diesem Druck zu entziehen, zeigen körperliche Reaktionen wie Schweißausbruch und erhöhter Pulsschlag, wenn man das Smartphone vergessen hat oder vielleicht absichtlich versucht, zeitweise »offline« zu leben. Viele brechen diesen Versuch bald wieder ab, weil er anstrengender ist als der ständige Blick auf das Smartphone, der immerhin die Beruhigung verspricht, die nächste Nachricht, die mit mir zu tun haben könnte, nicht zu verpassen.

Aus diesem nicht kontrollierbaren Raum geschieht jederzeit Unvorhersehbares, Persönliches wird öffentlich und ist der eigenen Kontrolle unversehens entzogen.

---

[2] *Dirk Baecker*, Studien zur nächsten Gesellschaft, Frankfurt/M. 2007, 125.
[3] *Niklas Luhmann*, Die Realität der Massenmedien, Wiesbaden 1997, 102.

Wenn es schon nicht möglich ist, der Konnektivität zu entrinnen, so kann ich zu ihr bzw. zu konkreten Erscheinungsformen dieser Konnektivität kognitiv und emotional auf Distanz gehen.

nicht möglich ist, der Konnektivität zu entrinnen, so kann ich zu ihr bzw. zu konkreten Erscheinungsformen dieser Konnektivität kognitiv und emotional auf Distanz gehen. Macht bedeutet in der digitalen Welt, zu wissen, was man ignorieren kann.[10]

Religion bedeutet wörtlich re-ligio, also Rückbindung, und zwar an das Unbedingte, Transzendente. Glaube in diesem grundlegenden Sinn ist die Rückbindung an den trinitarischen Gott, der dem Menschen seine unverbrüchliche Treue zugesagt hat. Daraus erhält das Leben Halt und Trost. Bezogen auf die neue Kulturform des Lebens in der digitalen Welt heißt das: »Christlicher Glaube bedeutet, zu wissen, wozu man kognitiv und emotional auf Distanz gehen kann – und aus dem Vertrauen zu leben, die Kraft dazu geschenkt zu bekommen.«[11]

Glaube vernetzt. Ich habe versucht zu zeigen, dass es bei der kulturellen und theologischen Digitalisierung um mehr und anderes geht als um Gottesdienste, die mit Hilfe digitaler Vermittlung der Kommunikation gefeiert werden. Glaube in einer digital vernetzten Welt ist herausgefordert, sich mit einem neuen anthropologischen Existenzial auseinanderzusetzen. Das kann auch die theologische Beschreibung unserer Gottesbeziehung nicht unberührt lassen.

Übrigens, falls Sie sich fragen, wie der »Tatort« ausgegangen ist: Die Ermittler überführen den Täter. Wie gelingt ihnen das, wenn ihnen doch so der Boden unter den Füßen weggezogen wird? Sie weisen eine bemerkenswerte Widerstandsfähigkeit gegen Irritationen und Beschämungen auf und machen einfach verlässlich ihre Arbeit. Dass sie dies können, hat auch damit zu tun, dass ihnen Ordnungsstrukturen zum Umgang mit Geheimnissen aus der Stammesgesellschaft, Zweckordnungen der Schrift- und die kritische Vernunft der Buchdruckgesellschaft zur Verfügung stehen. Es gelingt ihnen, diese auch unter den Bedingungen der digitalisierten Welt zur Geltung zu bringen. Mit Erfolg. Wie beruhigend.[12]

Dr. Horst Gorski war von 1988–1998 Gemeindepastor in Hamburg, ab 1999 Propst des Kirchenkreises Altona und ab 2009 im fusionierten Kirchenkreis Hamburg-West/Südholstein der Nordkirche. Er ist seit 2015 Vizepräsident des Kirchenamtes der EKD und Leiter des Amtes der VELKD.

---

[10] *Yuval Noah Harari*, Homo Deus. Eine Geschichte von Morgen, München 2017, 536.
[11] *Gorski*, Christlicher Glaube, 278.
[12] Dies entspricht dem Schlussabsatz von *Gorski*, Theologie, 210.

Über den Ärmelkanal und wieder zurück

Zu einer geistigen Wurzel der evangelischen kommunitären Bewegung im 20. Jahrhundert

von Luca Baschera

Eines Morgens fuhren wir nach Kaiserswerth, einer alten Stadt am Rhein und der Wohnstätte von Pastor Fliedner, einem äußerst gutmütigen Mann. Er hat ein kleines Krankenhaus in der Nähe seines Hauses eröffnet, das offenkundig schön ausgestaltet ist. Er hat auch eine Art protestantischen Orden der Barmherzigen Schwestern eingerichtet, die er »Diakonissen« nennt. Diese tragen alle die gleiche Tracht, bestehend aus einem blauen Kittel und einer hübschen weißen Haube. Sie kümmern sich hingebungsvoll um die Patienten, besuchen die Armen auswärts und werden überall hin gesandt, wo wirklich gute christliche Krankenpflegerinnen gefragt sind.[1]

So beschreibt Elizabeth Sheppard Gurney (1817–1903) den Besuch, den sie und ihre Tante, Elizabeth Gurney Fry (1780–1845) am 8. Mai 1840 dem Diakonissenkrankenhaus in Kaiserswerth (heute ein Stadtteil Düsseldorfs) erstatteten. Dieses war durch Theodor Fliedner (1800–1864) am 13. Oktober 1836 eröffnet worden und fungierte nicht nur als Spital, sondern auch als Ausbildungsstätte für evangelische Frauen, die als unverheiratete Diakonissen gemeinsam lebten und sich im Bereich der Kranken-, Armen- und Kinderpflege sowie der Gefangenenfürsorge in Kaiserswerth und anderswo engagierten.[2] Davon tief beeindruckt, was sie in Kaiserswerth gesehen hatte, rief Elizabeth Fry im gleichen Jahr in London und in starker Anlehnung an das Kaiserswerther Modell die *Institution of Nursing Sisters* ins Leben.[3]

---

[1]   Elizabeth Gurney, Elizabeth Fry's Journey on the Continent 1840–1841, hg. von R. Brimley Johnson, London 1931, 100: »One morning we drove over to Kaiserswerth an old town on the Rhine and the residence of Pastor Fliedner. An eminently good man. He has established a small hospital close to his own house which is evidently beautifully arranged. He has also instituted Protestant Sisters of Charity whom he terms Deaconesses. These are all dressed alike in blue print gowns and neat white Caps. They wait entirely on the patients, go out to visit the poor and are sent to any parts of the Kingdom where real good Christian Nurses are required.« (Übersetzung, LB).

[2]   Johannes Degen, Art. »Fliedner, Friederike und Theodor«, in: Theologische Realenzyklopädie, hg. von Gerhard Krause/Gerhard Müller [= TRE], Bd. 11, Berlin 1983, 214f.

[3]   R. G. Huntsman et al., Twixt Candle and Lamp. The Contribution of Elizabeth Fry and the Institution of Nursing Sisters to Nursing Reform, in: Medical History 46 (2002), 351–380, hier 357.

Die Gründung der »Kaiserswerther Anstalten«, die für die Erneuerung des Diakonissenamtes in den evangelischen Kirchen wegweisend war, verdankte sich jedoch ihrerseits Erfahrungen, die Fliedner 1824 in London gesammelt hatte. Sich in England aufhaltend, um Spenden für seine verarmte Kirchengemeinde zu sammeln, lernte er dort Elizabeth Fry und deren Arbeit auf dem Gebiet der Gefängnisseelsorge an Frauen in der Londoner Strafvollzugsanstalt *Newgate* erstmals kennen.[4] Die Gefangenenseelsorge bzw. die Strafentlassenenfürsorge waren auch die Bereiche, denen sein erster diakonischer Einsatz – mit der Gründung der »Rheinisch-Westfälischen Gefängnis-Gesellschaft« (1826) sowie des »Evangelischen Asyls für weibliche Entlassene« in Kaiserswerth (1833) – galten. So inspirierten sich Fry und Fliedner zwar zu unterschiedlichen Zeitpunkten und in unterschiedlicher Hinsicht, aber doch gegenseitig.

Fliedner war sehr darauf bedacht, den Unterschied zwischen evangelischen Diakonissen und römisch-katholischen Ordensschwestern zu betonen.[5] Auch bei Frys Gründung – obwohl deren erste Bezeichnung: *Protestant Sisters of Charity* deutlich an die 1629 vom Heiligen Vinzenz von Paul (1581–1660) ins Leben gerufene *Confrérie des Dames de la Charité* erinnerte[6] – handelte es sich letztlich um keine Ordensgemeinschaft, legten die *nursing sisters* doch keine Gelübde ab.[7] Dennoch war ihr christliches Profil unmissverständlich: Die Schwestern waren angehalten, Protestantinnen zu sein, sich am liturgischen Leben ihrer jeweiligen Kirche zu beteiligen, eine Bibel zu besitzen und darin täglich zu lesen. Zudem mussten sie unverheiratet oder verwitwet sein und lebten gemeinsam in einem Mutterhaus, was der Institution deutlich klösterliche Züge verlieh.[8] So kann Frys *Institution of Nursing Sisters* doch in gewissem Sinn als Vorläuferin jener anglikanischen Schwesternschaften gelten, die ab 1845 nach und nach entstanden, zumal sich die meisten unter ihnen hauptsächlich dem diakonischen Dienst an Armen und Kranken widmeten.[9] Da nun aber Fry sich vom Kaiserswerther Diakonissenhaus inspirieren ließ, so kann Fliedner indirekt als einer der geistigen Väter der Wiederbelebung des Or-

---

[4] Ebd.
[5] Johannes Halkenhäuser, Kirche und Kommunität. Ein Beitrag zur Geschichte und zum Auftrag der kommunitären Bewegung in den Kirchen der Reformation, Paderborn 1978 (Konfessionskundliche und kontroverstheologische Studien 42), 160, Anm. 48.
[6] Vgl. Sheridan Gilley, Art. »Vinzenz von Paul«, in: TRE, Bd. 35, Berlin 2003, 111–114.
[7] Huntsman et al., Twixt Candle and Lamp, 358.
[8] Ebd.
[9] Vgl. S. M. Gibbard, Die anglikanischen Ordensgemeinschaften, in: Die Kirche von England und die anglikanische Kirchengemeinschaft, hg. von Hans Heinrich Harms, Stuttgart 1966 (Die Kirchen der Welt 4), 130–152, hier 135; A. M. Allchin, The Silent Rebellion. Anglican Religious Communities 1845–1900, London 1958, 40–51.

denslebens im England des 19. Jahrhunderts gelten – zumindest was die diakonisch aktiven Schwesternschaften angeht.

Auch in der viel späteren Phase der Geschichte evangelischer Kommunitäten, auf die sich die folgenden Ausführungen beziehen, waren die Kontakte nach England zwar von großer Bedeutung. Aber in diesem Fall, wie sich anhand dreier Beispiele zeigen wird, waren es eindeutig die mittlerweile etablierten britischen (Männer-)Gemeinschaften, die vom Kontinent aus als Vorbilder angesehen wurden. Darauf hinzuweisen, dürfte u. a. auch deshalb von Interesse sein, weil die Erneuerung evangelischen kommunitären Lebens im 20. Jahrhundert häufig als in der erwecklichen Tradition verwurzelt dargestellt wird.[10] Obgleich dies bestimmt seine Berechtigung hat, zeigt sich an den hier behandelten Beispielen, dass die Anknüpfung an Modelle anglo-katholischer Prägung ebenso wichtig war, besonders für jene Gemeinschaften, die wie Taizé und die Evangelische Michaelsbruderschaft eher dem »ekklesial orientierten« Typus entsprechen.[11]

[...] waren es eindeutig die mittlerweile etablierten britischen (Männer-) Gemeinschaften, die vom Kontinent aus als Vorbilder angesehen wurden.

1. Drei Erfahrungsberichte

1.1 Wilhelm Stählin

Zusammen mit seinem langjährigen Mitstreiter Karl Bernhard Ritter (1890–1968)[12] war Wilhelm Stählin (1883–1975)[13] zweifelsohne eine der prägendsten Persönlichkeiten in der Berneuchener Bewegung und später in der 1931 durch ihn mitgestifteten Evangelischen Michaelsbruderschaft. Durch seine zahlreichen Publikationen zu Themen des kommunitären und geistlichen Lebens wirkte er weit über die Grenzen der Gemeinschaft hinaus, der er selbst angehörte.[14] Woher schöpfte jedoch Stählin selbst sei-

---

[10] Vgl. Peter Zimmerling, Evangelische Spiritualität. Wurzeln und Zugänge, Göttingen 2003, 155 f.; Wilhelm Stählin, Bruderschaft (1940), hg. von Frank Lilie, Leipzig 2010, 110–113.

[11] Zur Unterscheidung zwischen »pietistisch geprägten« und »ekklesial orientierten« Kommunitäten vgl. Halkenhäuser, Kirche und Kommunität, 215.

[12] Zu Ritters Leben und Werk siehe Stephan Goldschmidt, Der junge Karl Bernhard Ritter, in: Quatember 83/1 (2019), 6–14; Herbert Naglatzki, Karl Bernhard Ritters Bedeutung für die Berneuchener und die Evangelische Michaelsbruderschaft, in: a. a. O. 15–22; Michael Hederich, Karl Bernhard Ritter. Reformer – Kämpfer – Seelsorger, Kassel 2010; Wolfgang Fenske, Innerung und Ahmung. Meditation und Liturgie in der hermetischen Theologie Karl Bernhard Ritters, Frankfurt a. M. 2009.

[13] Zu Stählins Leben und Werk siehe Michael Meyer-Blanck, Art. »Stählin, Wilhelm«, in: TRE, Bd. 32, Berlin 2001, 104–107; ders., Leben, Leib und Liturgie. Die Praktische Theologie Wilhelm Stählins, Berlin/New York 1994 (Arbeiten zur Praktischen Theologie 6).

[14] Vgl. Stählin, Bruderschaft; ders., Die Regel des geistlichen Lebens, Kassel 1964; ders., Das christliche Opfer in Gottesdienst und Leben, in: ders., Symbolon. Vom gleichnishaften Denken, hg. von Adolf Köberle, Stuttgart 1958, 345–354; Wilhelm Stählin, Gespräch, Meditation, Gebet, in: a. a. O., 389–399; ders., Über die Meditation von Bibeltexten, in: a. a. O., 400–410; ders., Die Tageszeiten, in: ders., Symbolon – II. Folge: Erkenntnisse und Betrachtungen, hg. von Adolf Köberle, Stuttgart 1963, 296–322.

ne diesbezüglichen Ideen und Vorstellungen? Neben Lektüren, Gesprächen und Erfahrungen mit seinen Weggefährten dürfte auch die Begegnung mit bestimmten Formen des kommunitären Lebens, die er im Rahmen zweier längerer Englandaufenthalte kennenlernte, zu seinen Inspirationsquellen gehört haben.

Der erste Aufenthalt fiel in die Zeit, die Stählin von Ende 1906 bis im Sommer 1909 als Hilfsgeistlicher in Steinbühl (Nürnberg) verbrachte. Während insgesamt 16 Wochen reiste Stählin quer durch die britische Insel und war in Edinburgh und Glasgow, in Nord-Wales, in London, Oxford, Cambridge, Manchester und Birmingham. Seine Absicht war, möglichst umfassend in die »kirchlichen Verhältnisse« in Großbritannien Einblick zu gewinnen.[15] So suchte er verschiedene anglikanische Kreise auf, besuchte aber auch Baptisten- und Quäker-Gemeinden sowie methodistische und presbyterianische Gottesdienste. Einen besonderen Eindruck hinterließen der Besuch des jährlichen *Church Congress* in Manchester sowie die dortige Begegnung mit dem Bibelwissenschaftler und Kurator der Handschriftenabteilung an der John-Rylands-Bibliothek in Manchester, James Rendel Harris (1852–1941) – einem Quäker, den Stählin als eine »der verehrungswürdigsten Gestalten« bezeichnet, die er in England kennenlernte.[16] Ebenso eindrücklich waren auch Stählins erste Berührungen mit dem anglikanischen Ordenswesen. Diese fanden zum einen in der Nähe von Oxford statt, wo er im Vorort Cowley die *Society of St. John Evangelist* besuchte, zum anderen in Mirfield, dem Hauptsitz der *Community of the Resurrection*.[17] In Cowley fiel Stählin besonders der Kontrast zwischen der Kargheit der Wohnanlage und der Pracht des Kirchenraums sowie der liturgischen Gewänder auf, die ihm gezeigt wurden.[18] In Mirfield beeindruckte ihn neben der intensiven Praxis des Stundengebets die ihm eigentümlich vorkommende Verbindung, gar das »Ineinander von liturgische[m] Reichtum und weltoffene[n] Lebensformen« im Leben jener Gemeinschaft.[19] 1908 blieb es bei diesen beiden eher flüchtigen Begegnungen mit anglikanischen Ordensgemeinschaften. Stählins zweite ausgedehnte Englandreise im Jahr 1948 sollte in dieser Hinsicht intensiver sein.

---

[15] Wilhelm Stählin, Via vitae. Lebenserinnerungen, Kassel 1968, 92.

[16] A. a. O., 103 f.: »[...] Rendel Harris, einer der verehrungswürdigsten Gestalten, die mir in England begegnet sind, einem bedeutenden Theologen, dessen menschliche Schlichtheit und tiefe Frömmigkeit mir den stärksten Eindruck von der besten Überlieferung der *Society of Friends* (wie sich die Quäker nennen) vermittelte.«

[17] Zu diesen beiden Ordensgemeinschaften siehe unten, Kap. 2.1f.

[18] Wilhelm Stählin, Aus einem englischen Reisetagebuch, in: Noris. Jahrbuch für protestantische Kultur 1912, 53–92, hier 77 f. Stählin besuchte die *Society* am 18. September.

[19] Stählin, Via vitae, 102 f. Vgl. ders., Aus einem englischen Reisetagebuch, 86 f. Stählin verbrachte drei Tage in Mirfield (3.–5. Oktober).

In den 40 Jahren, die zwischen der ersten und der zweiten Reise lagen, bauten sich die theologischen und kirchlichen Beziehungen zu England weiter aus. Die Kontakte zu Persönlichkeiten des englischen kirchlichen Lebens sollten sich zwar vor allem nach dem Zweiten Weltkrieg intensivieren, aber auch während der NS-Zeit und vor Beginn des Krieges kam es immer wieder zu Begegnungen und Formen der Zusammenarbeit. So nahm Stählin etwa an zwei der insgesamt drei britisch-deutschen Theologenkonferenzen teil, die George K. A. Bell (1883–1958)[20] und der Neutestamentler Adolf Deißmann (1866–1937) 1927, 1928 und 1931 organisierten.[21] Bei Bell, der 1929 Bischof von Chichester geworden war, war Stählin zudem noch 1935 zu Gast,[22] während er ein Jahr später den damaligen Erzbischof von Canterbury, William Temple (1881–1944), persönlich kennenlernte. Dies geschah im Rahmen eines Aufenthalts in den Niederlanden, wo Stählin sich an den Vorbereitungen für die zweite ökumenische Konferenz

Foto: Rolf Gerlach

---

[20] Vgl. Andrew Chandler, Art. »Bell, George Kennedy Allen«, in: Oxford Dictionary of National Biography, hg. von H. C. G. Matthew/Brian Harrison, Oxford et al. 2004 [= ODNB], Bd. 4, 927–930.

[21] Vgl. Charlotte Methuen, The Anglo-American [sic] Theological Conferences 1927–1931, in: Kirchliche Zeitgeschichte 20/1 (2007), 128–154.

[22] Stählin, Via vitae, 244; 301 f.

On Faith and Order beteiligte. [23]An der Konferenz selbst, die 1937 in Edinburgh stattfand, konnte Stählin zwar nicht teilnehmen; im Zusammenhang mit ihr erschien jedoch seine Monographie *Vom göttlichen Geheimnis* (1936) in englischer Übersetzung, was sein theologisches Denken für die englischsprachige Leserschaft erstmals – und zumindest teilweise – erschloss.[24] Schließlich zeugt auch die Ausgabe 1938 des Jahrbuches *Das Gottesjahr*, welches Stählin von 1924 bis 1938 herausgab, von seinen nachhaltigen Beziehungen nach England. Darin findet sich zum einen ein Aufsatz von Eric Symes Abbott (1906–1983),[25] in dem über das geistliche Leben am *Lincoln Theological College* berichtet wird, das Abbott von 1936 bis 1945 leitete. Ausdrücklich betont der Autor den organischen Zusammenhang von »geistlicher Schulung« durch Stundengebet sowie Meditation und theologischer Reflexion – ein Anliegen, das Stählin nicht weniger als Bonhoeffer teilte. In der gleichen Ausgabe des Jahrbuchs ist zum anderen auch ein Bericht von Stählins Sohn Rudolf (1911–2006) über die Praxis der *quiet time* in englischen *Theological Colleges* zu lesen.[26] Rudolf Stählin hielt sich 1938 nach Ende seines Studiums der Theologie in Erlangen für etwa neun Monate in England auf und besuchte in Durham die Vorlesungen des späteren Erzbischofs von Canterbury, Michael Ramsey (1904–1988).[27]

Zum Zeitpunkt seiner zweiten Englandreise war Stählin seit zweieinhalb Jahren evangelischer Bischof der Landeskirche Oldenburg. Die Reise dauerte vier Wochen und kam dank einer Einladung der Organisation *Christian Reconstruction in Europe* im April 1948 zustande.[28] Stählin nahm als Erstes in Cambridge an einer Sitzung der ökumenischen Kommission *Ways of Worship* teil, in die er im Jahr zuvor berufen worden war.[29] Die ihm verbleibende Zeit nutzte er, um verschiedene namhafte Persönlichkeiten und bedeutende kirchliche Orte zu besuchen. So war er

---

[23] A.a.O., 242f.
[24] A.a.O., 243.
[25] [Eric Abbott,] Das Leben im College, in: Das Gottesjahr 18 (1938), 46–51. Zu Abbott, der 1959 zum Dekan von Westminster und damit zum offiziellen Seelsorger der königlichen Familie wurde, vgl. Sydney Evans, Art. »Abbott, Eric Symes«, in: ODNB, Bd. 1, 44f.
[26] [Rudolf Stählin,] »Quiet Time«, in: Das Gottesjahr 18 (1938), 107–109.
[27] Stählin, Via vitae, 203.
[28] A.a.O., 540.
[29] A.a.O., 537. Ziel der Arbeit der Kommission *Ways of Worship*, die im Anschluss an die zweite Weltkonferenz über Glauben und Kirchenverfassung (1937) ins Leben gerufen und deren Vorsitz dem Theologen, Religionshistoriker und Liturgiker Gerardus van der Leeuw (1890–1950) anvertraut wurde, war zum einen die Untersuchung und Darlegung verschiedener liturgischer Traditionen, zum anderen die Behandlung von theologischen Grundsatzfragen betreffend den christlichen Gottesdienst. Vgl. Ways of Worship. The Report of a Theological Commission of Faith and Order, hg. von Pehr Edwall et al., London 1951, 15f.

wieder für einige Tage in Cowley bei der *Society of St. John Evangelist*, die er in seinen Lebenserinnerungen als den »strengste[n] und asketischste[n] unter den anglikanischen Mönchsorden« bezeichnet.[30] Zuvor hatte er sich in *Nashdom Abbey*, dem Sitz eines anglikanischen Benediktinerklosters, aufgehalten und lange Gespräche mit dessen Prior, dem berühmten Liturgiewissenschaftler Gregory Dix (1901–1952), führen dürfen.[31] In Sheffield lernte er ferner auch einige Mitglieder der *Society of the Sacred Mission* kennen, die dort zu diesem Zeitpunkt die Kirchengemeinde eines Arbeiterviertels betreuten.[32] Schließlich besuchte Stählin zwei *Theological Colleges*, und zwar in Cuddesdon bei Oxford sowie in Lincoln.[33] Insgesamt war er offenbar vom Einfluss der Ordensgemeinschaften auf das englische kirchliche Leben sehr beeindruckt, resümierte er doch später: »Es kann [...] kein Zweifel sein, dass die stärksten Kräfte heute von den zahlreichen Orden ausgehen, wobei die stillen, kontemplativen Gemeinschaften wahrscheinlich noch größere Auswirkungen haben als die aktiv-missionarischen Orden.«[34]

[...] wobei die stillen, kontemplativen Gemeinschaften wahrscheinlich noch größere Auswirkungen haben als die aktiv-missionarischen Orden.

1.2 Dietrich Bonhoeffer

Nach Hitlers Machtergreifung am 30. Januar 1933 überschlugen sich auch im kirchlichen Bereich die Ereignisse. Mitglieder der nationalsozialistisch geprägten »Glaubensbewegung Deutsche Christen« – die 1932 gegründet worden war – erlangten in den Kirchenwahlen im Juli 1933 in den meisten Landeskirchen die Mehrheit. Bald danach beschloss die Synode der Altpreußischen Union, zu der Dietrich Bonhoeffer (1906–1945) gehörte, den »Arierparagraphen« in die Kirche einzuführen, der allen Menschen mit einem jüdischen Eltern- oder Großelternteil die Ausübung verbeamteter Berufe verbot und sie damit vom Pfarramt in der evangelischen Kirche ausschloss.[35] Als Reaktion darauf gründete Bonhoeffer mit Martin Niemöller (1892–1984) und anderen am 11. September 1933 den »Pfarrernotbund«, mit dem Ziel, von der neuen Gesetzgebung betroffenen Amtsbrüdern zu helfen und öffentlich die Ansichten der Deutschen Christen zu bekämpfen. Diese politischen und kirchlichen Entwicklungen stürzten Bonhoeffer offenbar in eine tiefe Krise und Verunsicherung, die

---

[30] Stählin, Via vitae, 542 f.
[31] A. a. O., 541 f. Dix schenkte Stählin bei dieser Gelegenheit ein Exemplar mit persönlicher Widmung seiner im Jahr zuvor erschienenen Monographie *The Shape of the Liturgy* (London 1945).
[32] A. a. O., 546 f. Siehe auch unten, Kap. 2.3.
[33] A. a. O., 543; 545.
[34] A. a. O., 547.
[35] Christiane Tietz, Dietrich Bonhoeffer. Theologe im Widerstand, München ²2019, 47; 50.

wiederum zum Entschluss führten – wie er wenig später an Karl Barth schrieb –, »für eine Weile in die Wüste zu gehen und einfach Pfarrarbeit zu tun«.[36]

So trat Bonhoeffer im Oktober 1933 ein Pfarramt als Auslandsgeistlicher in London an. Bis zum April 1935 war er für die Deutsche Reformierte Gemeinde St. Paul's sowie für die Deutsche Evangelische Kirche in Sydenham-Forest Hill zuständig.[37] Die anderthalb Jahre, die Bonhoeffer in England verbrachte, waren zwar – wie sein Freund und Amtskollege Julius Rieger (1901–1984)[38] bemerkte – die einzige Zeit in seinem Leben, in der er als Gemeindepfarrer tätig war.[39] Seine Tätigkeit beschränkte sich in dieser Zeit jedoch bei weitem nicht auf die Gemeindepraxis. Er verfolgte die politischen und kirchlichen Entwicklungen in Deutschland aufmerksam und beteiligte sich – wie nahezu alle deutschen Auslandspfarrer in England – an der Opposition gegen die Reichskirchenregierung. Zudem nutzte er jede Gelegenheit, um im ökumenischen Kontext Unterstützung für die Anliegen der Oppositionellen und der Bekennenden Kirche zu bekommen, die sich Ende Mai 1934 konstituierte und der Bonhoeffers Gemeinde im Oktober 1934 beitrat.[40] So konnte er etwa im August 1934 erwirken, dass auf der Tagung vom »Weltbund für internationale Freundschaftsarbeit der Kirchen« (*World Alliance for International Friendship*) und dem »Ökumenischen Rat für Praktisches Christentum« (*Life and Work*) in Fanø eine Resolution verabschiedet wurde, die die Kirchenpolitik der deutschen Regierung deutlich kritisierte.[41] Sein wichtigster ökumenischer Ansprechpartner in England war der bereits erwähnte George Bell, Bischof von Chichester und Präsident von *Life and Work*, den Bonhoeffer seit 1932 kannte und mit dem er auch nach seiner Rückkehr nach Deutschland in regem Kontakt bleiben sollte.[42]

Angesichts der Krise, in die die evangelischen Kirchen in Deutschland gestürzt worden waren, festigte sich in dieser Zeit bei Bonhoeffer die Überzeugung, dass neue, subversive Wege der Pfarrerausbildung beschritten werden sollten. Die Bekennende Kirche müsste eigene Bildungsorte schaffen und betreiben, und

---

[36] Bonhoeffer an Karl Barth, 24. Oktober 1933, in: Dietrich Bonhoeffer Werke, hg. von Eberhard Bethge et al. [= DBW], Bd. 13, Gütersloh 1994, 11–15, hier 13.
[37] Tietz, Dietrich Bonhoeffer, 55.
[38] Rieger war von 1930 bis 1953 Pastor und Dekan mehrerer deutschsprachiger evangelischer Gemeinden in London; während des England-Aufenthalts Bonhoeffers war er an der St. Georgs-Gemeinde tätig.
[39] Julius Rieger, Bonhoeffer in England, Berlin 1966, 17.
[40] Tietz, Dietrich Bonhoeffer, 62.
[41] A. a. O., 59–61.
[42] A. a. O., 58.

zwar in einer Form, die die Amtskandidaten auf den Widerstand gegen die Deutschen Christen möglichst effektiv vorbereitete. In diesem Zusammenhang legte sich Bonhoeffer die Wiederentdeckung des Zusammenhangs von geistlicher Zurüstung und theologischer Reflexion in einem kommunitären Rahmen immer mehr nahe, wie er selbst in einem Brief an seinen Schweizer Freund Erwin Sutz (1906–1987) exakt ein Jahr nach der Gründung des Pfarrernotbundes schrieb: »Die gesamte Ausbildung des Theologennachwuchses gehört heute in kirchlich-klösterliche Schulen, in denen die reine Lehre, die Bergpredigt und der Kultus ernstgenommen werden.«[43] Was Bonhoeffer vorschwebte, sollte bald danach im Predigerseminar und dem Bruderhaus in Finkenwalde Gestalt annehmen. Da er nun wusste, dass ein solches Modell der Pfarrerausbildung in der Kirche Englands an verschiedenen Orten schon lange etabliert war, bat er Bischof Bell, in einigen dieser Bildungsstätten empfohlen zu werden. Ziel war, Anregungen im Hinblick auf eine künftige Gründung in Deutschland zu sammeln. George Bell leistete der Bitte Folge und sandte am 16. Oktober an Edward Keble Talbot (*superior* der *Community of the Resurrection*, Mirfield), Reginald Tribe (*director* der *Society of the Sacred Mission*, Kelham) und William B. O'Brien (*superior* der *Society of St. John Evangelist*, Cowley) ein entsprechendes Empfehlungsschreiben. Angeschrieben wurden zudem die Rektoren des Kollegs *St. Augustin* in Canterbury und von *Wycliffe Hall* in Oxford.[44] Bonhoeffers Besuch war zunächst für Dezember 1934 geplant, konnte jedoch erst im März 1935 stattfinden.[45] Eberhard Bethge merkt zudem an, die Besuchstour habe nicht in der Ausführlichkeit durchgeführt werden können, die Bonhoeffer sich eigentlich gewünscht hätte, was wiederum zur Folge hatte, dass er nicht alle angegebenen Orte aufsuchen konnte – Bethge schreibt, Bonhoeffer habe »fast alle diese Plätze besucht«.[46]

Wie ist nun dieses »fast« zu interpretieren? Bedeutet es etwa, dass Bonhoeffer vielleicht nicht alle drei anglikanischen Kommunitäten besuchte, die in Bells Empfehlungsschreiben erwähnt werden? In der Tat deutet mindestens dreierlei darauf hin, dass er zwar sicher in Mirfield und Kelham, aber nicht in Cowley war.

---

[43] Bonhoeffer an Erwin Sutz, 11. September 1934, in: DBW, Bd. 13, 204–206, hier 204.

[44] George Bell an Edward Keble Talbot, 16. Oktober 1934, in: DBW, Bd. 13, 208f.

[45] Vgl. Bonhoeffers Brief vom 13. März 1935 an Joseph H. Oldham, in dem Bonhoeffer ankündigt, er werde »nächsten Samstag« seine Tour von *theological colleges* beginnen (DBW, Bd. 13, 284f.).

[46] Eberhard Bethge, Dietrich Bonhoeffer. Eine Biographie, München ⁵1983, 474.

Erstens wird die *Society of St. John Evangelist* weder in Bonhoeffers Korrespondenz noch in späteren Schriften erwähnt. Erwähnungen von Mirfield und Kelham sind hingegen zwar spärlich, aber doch vorhanden, wie etwa in einem auf Januar/Februar 1937 datierten »Memorandum zu einem Austausch von Kandidaten und Studenten der Theologie zwischen der Bekennenden Kirche und ausländischen Kirchen«.[47] Erhalten ist zudem ein Brief an Paul B. Bull (1864–1942)[48] von der *Community of the Resurrection*, in dem sich Bonhoeffer für die Zusendung einiger Bücher bedankt, die er sich im Zusammenhang mit der Arbeit an *Nachfolge*[49] ausgebeten hatte.[50] Zweitens erwähnt Julius Rieger, der Bonhoeffer Ende März 1935 begleitete, in seinen Lebenserinnerungen zwar auch die *Society of St. John Evangelist* als Beispiel eines »anglikanischen Klosters«; er berichtet jedoch nur von Begegnungen, die in Kelham und Mirfield stattfanden, etwa mit Arthur Gabriel Hebert und Walter Howard Frere.[51] Drittens kannte Bonhoeffer und schätzte zwar das geistige Erbe der *Society of St. John Evangelist*, versuchte er doch mehrmals – und vergeblich – ein Buch von dessen Gründer Richard Meux Benson zu bekommen, von dem er sich wichtige Anregungen versprach.[52] Da jedoch die Einrichtung in Cowley anders als die Kommunitäten in Mirfield und Kelham kein Priesterseminar betrieb, mag ihm ein Besuch dorthin, vor allem angesichts der knappen Zeit, die für die Reise zur Verfügung stand, verzichtbar erschienen sein.

Insofern besteht kein Zweifel, dass Bonhoeffer bei der *Society of the Sacred Mission* und der *Community of the Resurrection* auf Besuch war, wenn auch nur kurz. Die *Society of St. John Evangelist* suchte er hingegen mit hoher Wahrscheinlichkeit nicht persönlich auf, obgleich er aus der Literatur mit ihr vertraut war.

---

[47] DBW, Bd. 14, Gütersloh 1996, 267–270. Mirfield und Kelham werden als mögliche Orte angegeben, die die Austauschstudenten besuchen könnten (a. a. O., 269). Siehe auch den undatierten und nur fragmentarisch erhaltenen Brief an Ernst (vermutlich Cromwell), den Bonhoeffer wohl im März 1935 von Mirfield aus verschickte (DBW, Bd. 13, 285).

[48] Vgl. Alan Wilkinson, The Community of the Resurrection. A Centenary History, London 1992, 65.

[49] Dietrich Bonhoeffer, Nachfolge (1937), hg. von Martin Kuske/Ilse Tödt, Gütersloh ³2002 (DBW 4).

[50] Bonhoeffer an Paul Bull, 9. Mai 1936, in: DBW, Bd. 14, 162 f.

[51] Rieger, Bonhoeffer in England, 29 f. Zu Hebert und Frere siehe unten, Kap. 2.2 f.

[52] Vgl. Bonhoeffer an Paul Bull; Bonhoeffer an Franz Hildenbrandt, 3. Januar 1938, in: DBW, Bd. 15, Gütersloh 1998, 22 f. Siehe auch Bethge, Dietrich Bonhoeffer, 750. Beim Buch, das Bonhoeffer interessierte, handelte es sich um Richard Meuw Benson, The Way of Holiness. An Exposition of Psalm CXIX Analytical and Devotional, London 1901.

1.3 Roger Schutz

Die Arbeit, mit der Roger Schutz (1915–2005) 1943 sein Theologie-
studium an der Fakultät der *Église Libre* in Lausanne abschloss,
trug den Titel: *Das Mönchsideal bis Benedikt und seine Übereinstimmung mit dem Evangelium*.[53] Das gewählte Thema stand offenbar in
engem Zusammenhang mit einem Wunsch, der Schutz schon lange
umtrieb: Wege zu finden, um mit gleichgesinnten jungen Männern
eine Form des kommunitären Lebens innerhalb der Reformierten
Kirche zu entwickeln. Eine prägende Erfahrung war für Schutz ein
Besuch der Kartause *La Valsainte* im Jahr 1938.[54] Wichtige Impulse
kamen ihm zudem aus der Lektüre der Biographie von Wilfred Mo-
nod (1867–1943)[55] sowie verschiedener Schriften von Jean Duver-
gier de Hauranne (1581–1643), Abt von Saint-Cyran und einfluss-
reiche Persönlichkeit im Kreis der »Einsiedler von Port-Royal«,
deren Gemeinschaftsform Schutz als Vorbild betrachtete.[56]

Was Schutz zunächst vorschwebte, bezeichnete er als »Gemeinschaft intellektueller Christen«. Damit war ein Zusammenschluss
von Männern gemeint, die zwar nicht kontinuierlich gemeinsam
leben, aber sich regelmäßig zu Einkehrtagen an einem dafür ge-
eigneten Ort treffen würden und auch sonst eine gemeinsame Lebensform pflegten, geprägt von täglichem Gebet und Meditation,
von Einfachheit und Stille.[57]

Nach Ausbruch des Zweiten Weltkrieges wurde Schutz jedoch
klar, dass sein Projekt auch eine diakonische Komponente haben
müsste: Das Haus, in dem sich die Mitglieder der Gemeinschaft
treffen würden, sollte auch offen stehen für Menschen in Not.[58]
Ihm wurde zudem deutlich, dass sich eine solche Einrichtung nicht
in der Schweiz, sondern in Frankreich, das mittlerweile durch
deutsche Truppen teilweise besetzt war, befinden sollte. So begab er sich im August 1940 nach Burgund – der Region, aus der die
Familie seiner Mutter stammte – um verschiedene Liegenschaften
zu besichtigen, die als Hauptsitz der Gemeinschaft sich anbieten
könnten. Am 20. August kam er schließlich in Taizé an und fasste schnell den Entschluss, von der dort ansässigen Familie De Brie
ein geräumiges und leerstehendes Herrenhaus – das sog. »Schloss«
von Taizé –, samt dazugehörendem Gutsbesitz zu erwerben.

*die [...] sich
regelmäßig zu
Einkehrtagen an
einem dafür ge-
eigneten Ort tref-
fen würden und
auch sonst eine
gemeinsame Le-
bensform pfleg-
ten, geprägt von
täglichem Gebet
und Meditation,
von Einfachheit
und Stille.*

---

[53] Beate Kolb/Werner Raupp, Art. »Schutz, Roger«, in: Biographisch-bibliographisches
Kirchenlexikon, hg. von Friedrich Wilhelm Bautz/Traugott Bautz [= BBKL], Bd. 30,
Nordhausen 2009, Sp. 1325–1360, hier 1326.
[54] Sabine Laplane, Frère Roger. Die Biografie, übers. von Kordula Witjes/Judith Blank,
Freiburg i.Br. et al. 2018, 85.
[55] A.a.O., 99f.
[56] A.a.O., 116; 120; 136f.
[57] A.a.O., 100f.
[58] A.a.O., 112.

Zwischen 1940 und 1942 war Schutz weitgehend auf sich allein gestellt, sowohl was die Betreuung von Flüchtlingen und Gästen als auch was den Haushalt in Taizé anbelangte. In diese Jahre fielen jedoch auch drei Begegnungen, die sich in verschiedener Hinsicht auf die weitere Geschichte der Kommunität positiv auswirkten. Die erste ereignete sich im Herbst 1940, als Schutz Grandchamp (Boudry, Schweiz) besuchte. Dort bestand seit einigen Monaten eine Frauengemeinschaft, die sich dem kontemplativen Leben und dem geistlichen Dienst (Seelsorge, Organisation von Einkehrtagen) verschrieben hatte.[59] Die Initiative ging u. a. auf Marguerite de Beaumont (1895–1986) zurück, die zusammen mit Geneviève Micheli (1883–1961) seit 1936 dort lebte.[60] Nach und nach schlossen sich ihnen weitere Frauen an, bis sich im Jahr 1952 eine Gruppe von sieben auf ein Leben in Armut, Ehelosigkeit und Gehorsam verpflichtete. Die so geborene Kommunität übernahm später die Regel und die Gebetsordnung von Taizé.[61] 1940 ist es jedoch Schutz, der sich von Marguerite de Beaumont Rat und Unterstützung erhofft. Diese bekam er offenbar auch, schrieb er doch später in einem Brief an Beaumont: »Ihre Worte haben mir sehr geholfen und mich in verschiedener Hinsicht bestärkt.«[62] Der Kontakt zu Marguerite de Beaumont blieb auch in den darauffolgenden Jahrzehnten erhalten, was der umfangreiche Briefwechsel zwischen den beiden wie auch Marguerites längere Aufenthalte in Taizé in den Jahren 1963–1985 bezeugen.[63]

Die zweite Begegnung erfolgte Anfang März 1941, als Schutz Paul-Irénée Couturier (1881–1953) in Lyon kennenlernte. Couturier war dort römisch-katholischer Priester und bemühte sich schon seit einiger Zeit um die Annäherung zwischen den verschiedenen christlichen Konfessionen.[64] Ein Gegenbesuch Couturiers in Taizé fand am 4. und 5. Juli statt. Bei dieser Gelegenheit übergab Schutz Couturier das Manuskript seiner *Erläuternden Anmerkungen* (*Notes éxplicatives*), die auf Couturiers Drängen hin im Ok-

---

[59] A. a. O., 117 f. Siehe auch Die Communauté de Grandchamp, in: Frei für Gott und die Menschen. Evangelische Bruder- und Schwesternschaften der Gegenwart in Selbstdarstellungen, hg. von Lydia Präger, Stuttgart ²1964, 209–216.
[60] Gottfried Hammann, Art. »Beaumont, Marguerite de«, in Historisches Lexikon der Schweiz, Chefred. Marco Jorio [= HLS], Bd. 2, Basel 2003, 132; ders., Art. »Grandchamp«, in: HLS, Bd. 5, Basel 2005, 597. Micheli war später von 1952 bis 1961 Oberin der *Communauté de Grandchamp*.
[61] Vgl. Evangelische Ordensgemeinschaften in der Schweiz, hg. von Thomas Dürr et al., Zürich 2003, 85.
[62] Schutz an Marguerite de Beaumont, 26. Dezember 1940, zit. in: Laplane, Frère Roger, 119.
[63] Hammann, Art. »Beaumont, Marguerite de«.
[64] Vgl. Friedrich Wilhelm Bautz, Art. »Couturier, Paul«, in: BBKL, Bd. 1, Hamm 1975, Sp. 1143 f.; Ans J. van der Bent, Art. »Couturier, Paul-Irénée«, in: Dictionary of the Ecumenical Movement, hg. von Nicholas Lossky et al., Genf 1991, 238.

tober desselben Jahres im Druck erschienen.[65] In dieser Schrift, die Schutz kurz davor verfasst hatte, formulierte er verschiedene Grundsätze für das Leben der zu gründenden bzw. zu verfestigenden »Gemeinschaft intellektueller Christen«. Die *Anmerkungen* enthalten ferner einige »Regeln«, die später fast unverändert in die Regel von Taizé aufgenommen werden sollten.[66] Unmittelbar nach seinem Besuch in Lyon im März 1941 war Schutz zudem erstmals in der Trappistenabtei *Notre-Dame-des-Dombes* gewesen, in der Couturier seit 1937 interkonfessionelle Begegnungen organisierte. Bei einem solchen interkonfessionellen Treffen wird Schutz später (März 1942) den bedeutenden Exponenten der *Nouvelle Théologie*, Henri de Lubac (1896–1991), kennenlernen.[67] Darüber hinaus werden Couturiers internationale Kontakte jene Reise ermöglichen, die Schutz 1947 nach England und zu verschiedenen Kommunitäten führen sollte.

Die dritte wichtige Begegnung, die sich in diesen Jahren ereignete, war jene mit Max Thurian (1921–1996).[68] Thurian suchte Schutz am 5. Januar 1942 in Genf auf, wo Roger sich zu diesem Zeitpunkt für einen kurzen Besuch bei seinen Eltern aufhielt.[69] Thurian, der damals noch Theologie an der Fakultät der *Église libre* in Genf studierte, war kurz zuvor in Grandchamp gewesen und hatte dort mit großer Zustimmung Schutz' *Erläuternde Anmerkungen* gelesen. Thurian gehörte später wie auch sein Freund Pierre Souvairan (1921–1998) zur Gruppe derjenigen, die 1949 ihre Profess ablegten, und so die *Communauté de Taizé* tatsächlich ins Leben riefen. Thurian sollte zudem zur wohl gewichtigsten theologischen Stimme aus der Kommunität werden.[70]

Im November 1942 kam es zu einer plötzlichen Unterbrechung von Schutz' Bemühungen in Taizé. Bereits im Oktober hatte er sich nach Genf begeben, um Thurian und Souvairan zu besuchen, hatte aber vor, bald darauf nach Taizé zurückzufahren. Am 11. November besetzte jedoch die deutsche Wehrmacht den südlichen Teil Frankreichs,[71] was eine Rückkehr vorerst unmög-

---

[65] Laplane, Frère Roger, 134.
[66] Roger Schutz, Erläuternde Anmerkungen, in: Die Grundlagen der Communauté von Taizé, Freiburg i.Br. et al. 2016, 53–64. Vgl. Laplane, Frère Roger, 134–139.
[67] A.a.O., 148.
[68] Zu Thurians Leben und Werk vgl. Jakob Tronét, Realised Catholicity. The Taizé Theologian Max Thurian's Understanding of Ways Towards the Unity of the Church, Whitefield (Bangalore) 2018; Max Thurian. Una vita per l'unità, hg. von Antonio Ugenti, Casale Monferrato 1991.
[69] Laplane, Frère Roger, 139.
[70] Thurian war später im ökumenischen Dialog sehr engagiert und verfasste zahlreiche Schriften, darunter auch eine umfangreiche Studie zum Abendmahlssakrament mit dem Titel: *Eucharistie. Einheit am Tisch des Herrn?* (Mainz/Stuttgart 1963).
[71] Laplane, Frère Roger, 149.

lich machte. Erst im Herbst 1944, nach der Landung der Alliierten und der Befreiung Frankreichs, kam es dazu, wobei Schutz diesmal von Thurian und Souvairan begleitet wurde.[72] Bald entstand die Idee, ein Heim für Kriegswaisen zu gründen, dessen Leitung Schutz' jüngster Schwester, Geneviève (1912–2007), anvertraut wurde. Zudem nahm die kleine Kommunität heimkehrende französische Kriegsgefangene auf, kümmerte sich jedoch auch um die deutschen Kriegsgefangenen, die in zwei Lagern nah bei Taizé interniert waren.

Die eigentliche Geburtsstunde der Kommunität, die zu diesem Zeitpunkt noch als *Communauté de Cluny* bezeichnet wurde, schlug zwar erst am Ostersonntag 1949 (17. April), als Schutz, seine Schweizer Freunde Thurian, Souvairan und Daniel de Montmollin – Letzterer hatte sich 1945 der Gemeinschaft angeschlossen – sowie drei weitere junge Franzosen sich zu einem gemeinsamen Leben in Ehelosigkeit, Gütergemeinschaft und Gehorsam verpflichteten. Die vorangegangenen Jahre waren jedoch eine Zeit der intensiven Vertiefung und Vorbereitung, in denen vor allem Schutz und Thurian aus unterschiedlichen Quellen Inspiration schöpften. Zum einen intensivierten sich über Paul Couturier die ökumenischen Kontakte sowohl in Dombes als auch in Grandchamp. Zum anderen traten sie zu herausragenden Persönlichkeiten der christlichen Ökumene in Kontakt, wie etwa dem Dominikanerpater Yves Congar (1904–1995) und dem orthodoxen Theologen Vladimir Lossky (1903–1958). Congar und Lossky trafen sie 1947 in Paris, auf dem Rückweg von einem Englandbesuch, der im Juni des gleichen Jahres stattfand.[73]

Die »Studienreise«, wie Schutz' Biographin sie bezeichnet,[74] wurde von Henry R. T. Brandreth (1914–1984) mitorganisiert, der wiederum seit einiger Zeit mit Paul Couturier in Kontakt stand. Brandreth war anglikanischer Priester, Mitglied des

---

[72] A.a.O., 161.

[73] 1960 sollte es zu einem weiteren Englandbesuch kommen, und zwar auf Einladung des damaligen Bischofs von Sheffield, Leslie Hunter (1890–1983). Hunter war zuvor mehrmals in Taizé zu Gast gewesen und lud nun eine Delegation von Brüdern ein, in seiner Diözese über das Leben der *Communauté* zu berichten. Bei dieser Gelegenheit besuchten die Brüder in London auch den Erzbischof von Canterbury und lernten den damaligen Erzbischof von York und späteren Erzbischof von Canterbury, Arthur Michael Ramsey (1904–1988), kennen. Im Auftrag des Erzbischofs von Canterbury teilte Hunter 1962 in einem Schreiben mit, dass die Anglikanische Kirche der Aufnahme von anglikanischen Laien in die *Communauté* offiziell zustimme. Vgl. a.a.O., 250 f. Schutz war 1972 erneut in England, um einen Vortrag in der St. Paul's Cathedral zu halten, und im darauffolgenden Jahr besuchte Ramsey Taizé, vgl. Owen Chadwick, Michael Ramsey. A Life, Oxford 1990, 368.

[74] Laplane, Frère Roger, 177.

Oratory of the Good Shepherd[75] und Mitarbeiter des *Council on Foreign Relations* der Kirche Englands, dem zu diesem Zeitpunkt Bishof George Bell vorstand und in dessen Auftrag Brandreth gerade eine Studie zum Phänomen der *episcopi vagantes* angefertigt hatte.[76] Schutz' und Thurians Reise erfolgte zwar im Zusammenhang mit dem offiziellen Besuch des damaligen Erzbischofs von Utrecht, Andreas Rinkel (1889–1979), beim Erzbischof von Canterbury, Geoffrey Fisher (1887–1972),[77] sollte aber für die beiden einen anderen Schwerpunkt haben. Denn Brandreth wusste offenbar um die Bemühungen, in Taizé eine evangelische Kommunität zu gründen, und organisierte deshalb für Schutz und Thurian die Besichtigung verschiedener prominenter anglikanischer Ordensgemeinschaften. Laplane nennt als Stationen der Reise neben nicht näher bestimmten »anglikanischen Franziskanern« und den »Benediktinern in Nashdom«[78] drei weitere Orte: »Cowley, Mirfield und Kelham«.[79] Bei den hier genannten Franziskanern könnte es sich um die *Society of St. Francis* (gegr. 1921 in Hilfield, Dorchester)[80] oder – wahrscheinlicher – um die *Brotherhood of the Holy Cross* (gegr. 1924 in London) gehandelt haben.[81] Die weiteren drei genannten Orte waren die Hauptsitze der *Society of St. John Evangelist* (Cowley), der *Community of the Resurrection* (Mirfield) und der *Society of the Sacred Mission* (Kelham).

Die Besuche und Begegnungen in diesen anglikanischen Kommunitäten zeigten Schutz und Thurian, dass die Wiederentdeckung von Formen des gemeinsamen Lebens innerhalb einer reformatorischen Kirche möglich war, jedoch nur im Horizont einer Katholizität, die die herkömmlichen Grenzziehungen zwischen den Konfessionen hinter sich ließe. Die Reise ließ insofern auch die besondere Berufung von Taizé an Kontur gewinnen: »Wir sehen jetzt klarer, wo unser Platz in unserer Kirche ist.«[82]

[...] jedoch nur im Horizont einer Katholizität, die die herkömmlichen Grenzziehungen zwischen den Konfessionen hinter sich ließe.

[75] Peter F. Anson, The Call of the Cloister. Religious Communities and Kindred Bodies in the Anglican Communion, London 1964, 181–183.
[76] Henry R. T. Brandreth, Episcopi Vagantes and the Anglican Church, London 1947. Zu Brandreth siehe Geoffrey Curtis, Paul Couturier and the Unity in Christ, London 1964, 178 f.
[77] Laplane, Frère Roger, 177; vgl. Adolf Küry, Die Lage der altkatholischen Kirchen, in: Internationale kirchliche Zeitschrift 38 (1948), 44–54, hier 44.
[78] Siehe oben, Kap. 1.1.
[79] Laplane, Frère Roger, 177 f.
[80] Anson, Call of the Cloister, 200–208.
[81] A. a. O., 208–213.
[82] Schutz an Paul Couturier, 17. Juni 1948, zit. in: Laplane, Frère Roger, 178.

2. Zu den von Stählin, Bonhoeffer und Schutz besuchten Gemeinschaften

Stählin, Bonhoeffer und Schutz besuchten in England etliche Orte kommunitären Lebens. Dies taten sie zu unterschiedlichen Zeitpunkten und mit unterschiedlichen, obgleich nicht antithetischen, Interessen. Vergleicht man die Listen der von ihnen aufgesuchten Gemeinschaften miteinander, so ergibt sich eine eindeutige Schnittmenge: Die *Community of the Resurrection* und die *Society of the Sacred Mission* sind die zwei Kommunitäten, mit denen alle drei in Kontakt kamen. So unterschiedlich auch die Gründe gewesen sein mögen, weshalb Stählin, Bonhoeffer und Schutz an der Neuentdeckung kommunitärer Lebensformen auf protestantischem Boden interessiert waren, schöpften sie insofern alle – zumindest teilweise – aus einer gemeinsamen, zweifachen Quelle.

> *Die Community of the Resurrection und die Society of the Sacred Mission sind die zwei Kommunitäten, mit denen alle drei in Kontakt kamen.*

Bevor auf Geschichte und Identität dieser beiden bedeutsamen, der deutschsprachigen Leserschaft jedoch womöglich eher unbekannten Männergemeinschaften eingegangen wird, ist es sinnvoll, auf einige Grundzüge der Oxford-Bewegung hinzuweisen. Denn sie stellte den geistig-geistlichen Hintergund dar, vor dem die Wiederbelebung des kommunitären Lebens im England des 19. Jahrhunderts erfolgte.

2.1 Die Oxford-Bewegung und ihre Auswirkungen auf die Kirche Englands

The tory party at prayer (»die konservative Partei, zum Gebet versammelt«) – diese sarkastische Bezeichnung der Nationalkirche Englands findet gelegentlich als geflügeltes Wort sowohl in den Medien als auch in der Forschungsliteratur Verwendung.[83] Geprägt wurde der Ausdruck an der Schwelle zum 19. Jahrhundert, in einer Zeit, in der die Kirche Englands (*Church of England* bzw. *Anglican Church*) sich immer noch großer Privilegien erfreute, längst aber als verstaubte Institution galt, die obendrein von – meist dem Adel entstammenden – Prälaten dominiert wurde, welche mehr an ihren Pfründen als am Seelenheil des Kirchenvolks interessiert waren.[84] Die Nationalkirche war dementsprechend seit der zweiten Hälfte des 18. Jahrhunderts immer mehr zur Zielscheibe eines wachsenden Antiklerikalismus geworden und soll-

---

[83] Vgl. John Anderson, The Tory Party at Prayer? The Church of England and British Politics in the 1950s, in: Journal of Church and State 58/3 (2016), 417–439.

[84] Für eine amüsante literarische Darstellung anglikanischen Kirchentums zu Beginn des 19. Jahrhunderts vgl. Anthony Trollope, The Warden (1855), New York 1991 (Everyman's Library 14); dt. Übers.: ders., Septimus Harding. Spitalvorsteher, übers. von Andreas Ott, Zürich 2002.

te bald beginnen, durch verschiedene Gesetzesrevisionen ihre alten Privilegien einzubüßen. Die kirchliche Hierarchie schien aber außer Stande zu sein, auf die umfassende geistliche Krise in Lehre und Praxis, die die englische Kirche plagte, wirksam zu reagieren.

Eine Antwort auf besagte Krise kam ab 1780 vermehrt von der »evangelikalen« (*evangelical*) Bewegung. Deren Anhänger trachteten danach, durch erweckliche Veranstaltungen und die Verbreitung entsprechender Literatur das Glaubensleben nach pietistischen bzw. methodistischen Mustern zu fördern. Die *evangelicals* blieben bewusst Teil der verfassten Kirche, tendierten jedoch dazu, ihr *qua* Institution keine besondere theologische Bedeutung zuzuschreiben: Die Kirche Englands war für sie in erster Linie ein Kind der Reformation im 16. Jahrhundert und stellte im besten Fall ganz einfach eine Versammlung von Gläubigen auf englischem Boden dar.[85]

Die Initiatoren der Oxford-Bewegung waren zwar ebenso wie die *evangelicals* von der Notwendigkeit überzeugt, auf die Krise der Kirche Englands zu reagieren, strebten jedoch eine Wiederherstellung der kirchlichen Institution als solcher an.[86] Ihr Anliegen war dabei nicht, die Kirche zu verändern, sondern ihre Lehre und Praxis erneut daran anzugleichen, was ihr Wesen immer schon und immer noch – wenngleich verdeckt – ausmachte. Denn die Anhänger der Oxford-Bewegung waren überzeugt, dass die Kirche Englands auch nach der Reformation nichts anderes als *die* Katholische Kirche *in* England geblieben war, weil sie an den drei Pfeilern festgehalten hatte, auf die sich Katholizität überhaupt stütze: der katholischen Lehre (in der Heiligen Schrift bezeugt und durch die ökumenischen Konzile bekräftigt), den katholischen Sakramenten und dem dreigliedrigen apostolischen Ministerium (Diakonat, Priester- sowie Bischofsamt).[87] Die Kirche Englands war für sie nicht so sehr eine durch die Reformation

Die kirchliche Hierarchie schien aber außer Stande zu sein, auf die umfassende geistliche Krise in Lehre und Praxis, die die englische Kirche plagte, wirksam zu reagieren.

---

[85] Insofern pflichteten die *evangelicals* – zumindest ekklesiologisch – John Locke (1632–1704) bei, der die Kirche als »freie und freiwillige Vereinigung« (*free and voluntary society*) definiert hatte, vgl. John Locke, A Letter Concerning Toleration, in: ders., Second Treatise of Government and A Letter Concerning Toleration, hg. von Mark Goldie, Oxford et al. 2016 (Oxford World's Classics), 123–168, hier 130.

[86] Zum Zusammenhang von evangelikalem und hochkirchlichem Gedankengut in der Oxford-Bewegung allgemein und bei anglikanischen Ordensgemeinschaften im Speziellen vgl. Dieter Voll, Hochkirchlicher Pietismus. Die Aufnahme der evangelikalen Tradition durch die Oxford-Bewegung in der zweiten Hälfte des neunzehnten Jahrhunderts, München 1960 (Forschungen zur Geschichte und Lehre des Protestantismus X/19), bes. 116–123.

[87] W. J. Sparrow Simpson, The History of the Anglo-Catholic Revival from 1845, London 1932, 11 f. Vgl. a. a. O., 44: »Rightly understood the Apostolic Succession is neither mechanical nor merely legal, but deeply spiritual. It must never be dissociated from the Apostolic Faith and the Apostolic Sacrament.«

entstandene Nationalkirche, sondern eine Erscheinungsform jener göttlichen Institution (*divine society*), die die wahre Kirche Jesu Christi ist.[88]

Am Anfang und im Zentrum der Oxford-Bewegung stand insofern eine theologisch-ekklesiologische Identitätsfrage: Wie kann die wahre Identität der Kirche in Lehre und Praxis, die verschüttet wurde und unerkennbar geworden ist, erneut zur Geltung gebracht werden? Der erste Schritt musste freilich darin bestehen, die Zeitgenossen anzuleiten, die Katholizität der Kirche Englands erneut zu erkennen, wobei dies wiederum nicht anders geschehen konnte als durch eine eingehende Beschäftigung mit der Geschichte der englischen Kirche.[89] Diese sollte neu erzählt werden, um dem Missverständnis entgegenzuwirken, die Kirche Englands sei eine »neue«, aus der Reformation hervorgegangene Kirche, und um stattdessen die Kontinuität zwischen der Zeit vor und jener nach der Reformation zu betonen.

In der Historiographie wird der Beginn der Oxford-Bewegung traditionell auf den 14. Juli 1833 datiert, als John Keble (1792–1866), damals »Professor of Poetry« in Oxford und Fellow des *Oriel College*, eine feurige Predigt mit dem Titel *National Apostasy* hielt. In ihr prangerte Keble unter dem Eindruck der kurz davor erfolgten Aufhebung zahlreicher anglikanischer Bistümer in Irland die progressive Entchristlichung der englischen Gesellschaft an.[90] Viel mehr als durch diese eine Predigt übte Keble jedoch durch ein anderes, sechs Jahre zuvor erschienenes Werk einen nachhaltigen Einfluss auf die Oxford-Bewegung und die Kirche Englands insgesamt aus: die Gedichtsammlung *The Christian Year*. Darin enthalten waren poetische Meditationen zu jedem Sonntag im Kirchenjahr, zu den christlichen Hauptfesten, den Gedenktagen, den Sakramenten und den kirchlichen Amtshandlungen. Keble konzipierte *The Christian Year* gleichsam als einen dichterischen Kommentar zum *Book of Common Prayer* (1662), der »Agende« der anglikanischen Kirche, welches neben allen geltenden liturgischen Formularen auch das Lektionar und den gesamten Psalter enthält. Keble war – zu Recht – von der geistlichen Qualität dieser Meisterleistung reformatorischer Liturgie überzeugt und suchte sie erneut zur Geltung zu bringen. Was

---

[88] Vgl. Sheridan Gilley, Art. »Hochkirchliche Bewegung I«, in: TRE, Bd. 15, Berlin 1986, 413–420, hier 416.

[89] Sparrow Simpson, History, 12: »Tractarianism [...] was an appeal to History. [...] we could not conceive of the Oxford or Tractarian Movement as continuing to exist without this appeal to history.«

[90] Martin Schmidt, Art. »Anglokatholizismus«, in: TRE, Bd. 2, Berlin 1978, 723–734, hier 728f.

er fördern wollte, war jene »klassische« Frömmigkeit anglikanischer Prägung, die etwa in den Gedichten von George Herbert
(1593–1633) einen paradigmatischen Ausdruck gefunden hatte:[91] eine die gesamte Person betreffende, kirchlich, liturgisch
und sakramental fundierte Frömmigkeit, die sich von trockenem
Formalismus ebenso sehr wie von pietistisch oder romantisch
geprägter, übertriebener Sentimentalität abgrenzte.[92]

The Christian Year traf offenbar den Nerv der Zeit, erlebte das
Buch doch bis 1866 95 Auflagen, wovon 265'000 Exemplare ver-
kauft wurden.[93] Den Eindruck, den das Buch weckte, fasste
John Henry Newman (1801–1890) später folgendermaßen zusammen: »Zu einer Zeit, in welcher der übliche Tenor der re-
ligiösen Literatur so saft- und kraftlos war wie damals, schlug
Keble einen ursprünglichen Ton an und erweckte in den Herzen
von Tausenden eine neue Musik, eine Musik von seit langem in
England unbekannter Art.«[94] Kebles Beitrag zur entstehenden
Oxford-Bewegung bestand insofern in erster Linie darin, eine
geistig-geistliche Stimmung zu erzeugen und zu fördern. Im
Horizont dieser Stimmung theologische Arbeit zu leisten, war
die Aufgabe anderer Akteure, allen voran des bereits erwähnten
John Henry Newman sowie des Alttestamentlers Edward Bouverie
Pusey (1800–1882), die ebenfalls an der Universität Oxford wirkten.[95] Nach Newmans Übertritt zur Kirche Roms 1845 avancierte
Letzterer gar zur führenden Persönlichkeit in der Bewegung und
prägte in den folgenden Jahrzehnten durch persönliche Kontakte
und eine umfangreiche publizistische Tätigkeit mehrere Genera-
tionen von Theologen und Kirchenmännern.

Die Anhänger der Oxford-Bewegung begannen bald, auch
»Traktarianer« (*tractarians*) und »Anglo-Katholiken« (*anglo-
catholics*) genannt zu werden. Die letztere Bezeichnung, welche
bis heute in Gebrauch geblieben ist, weist auf das allgemeine
Anliegen der Bewegung hin, die Katholizität der Kirche Eng-

---

[91] Elizabeth Clarke, George Herbert's *The Temple*. The Genius of Anglicanism and the
Inspiration of Poetry, in: The English Religious Tradition and the Genius of Anglicanism, hg. von Geoffrey Rowell, Oxford 1992, 127–144; George Herbert, The Temple. Sacred
Poems and Private Ejaculations – mit einer deutschen Versübersetzung von Inge Leim-
berg, Münster i.W. 2002.

[92] Vgl. Sheridan Gilley, Introduction, in: John Keble, The Christian Year. Thoughts in
Verse for the Sundays and Holydays throughout the Year, London 1976, xi–xviii, bes.
xv–xvii.

[93] A. a. O., xvii.

[94] John Henry Newman, Geschichte meiner religiösen Überzeugungen – »Apologia pro
vita sua«, übers. von Brigitta Hilberling, Freiburg i.Br. 1954, 41.

[95] Zu Newmans und Puseys Leben und Werk siehe Sheridan Gilley, Art. »Newman, John
Henry«, in: TRE, Bd. 24, Berlin 1994, 416–422; ders., Art. »Pusey, Edward Bouverie«,
in: TRE, Bd. 28, Berlin 1997, 30–35.

lands deutlich zu machen.[96] Als »Traktarianer« wurden die Anhänger der Bewegung hingegen aufgrund der durch sie 1834 ini-
tiierten und bis 1841 vorangetriebenen Publikation der *Tracts for
the Times* bezeichnet. Dabei handelte es sich um eine Reihe von
Büchern und Pamphleten unterschiedlichen Umfangs, in denen
verschiedene ekklesiologische, dogmatische und sakraments-
theologische Fragen behandelt wurden, mit dem Ziel, jenen
»katholischen« – d. h. gesamtchristlichen – Geist der Kirche
Englands herauszustellen, der nach Meinung der Autoren die anglikanischen liturgischen Formulare und sonstigen historischen
Dokumente aus dem 16. und 17. Jahrhundert beseelte. Genau
um diese These zu bekräftigen, wurde in den *Tracts* aus historischen – sei es altkirchlichen oder postreformatorischen – Quellen
reichlich zitiert, was etliche in Vergessenheit geratene Autoren
wieder ins Bewusstsein der Leserschaft rückte.[97] Nach sieben
Jahren wurde das Projekt allerdings durch die heftigen Kontro-
versen, die auf die Veröffentlichung von *Tract* Nr. 90 folgten, ab-
rupt zum Erliegen gebracht.[98] Die darin durch Newman vertretene
These, die Inhalte der Bekenntnisschrift der Kirche Englands –
die *Articles of Religion*, auch »39 Artikel« genannt – stünden nicht
im Widerspruch zur Lehre des Konzils von Trient, wurde kirchlich
offiziell verurteilt. Dies hatte wiederum zur Folge, dass Newman
seine akademischen und pastoralen Verpflichtungen aufgab und

---

[96] Vgl. die Aussage Puseys, zit. in: Sparrow Simpson, History, 11: »[The object of the
Movement was] the Catholicising of England: that is, to bring all to the one faith of the
Primitive Church [...] as most incorrupt and pure [...], the one faith which had been
held by all everywhere and always.« Eine ausführliche Untersuchung des Anglo-
Katholizismus als soziologisches Phänomen im 20. Jahrhundert bietet W. S. F. Picke-
ring, Anglo-Catholicism. A Study in Religious Ambiguity, London/New York 1989. Zu
den Anfängen des Anglo-Katholizismus und dessen Entwicklungen bis 1899 vgl. John
Shelton Reed, Glorious Battle. The Cultural Politics of Victorian Anglo-Catholicism,
Nashville, TN/London 1996.

[97] Die Traktarianer schöpften programmatisch aus zwei Gruppen von Quellen: zum
einen den lateinischen und griechischen Kirchenvätern der ersten fünf Jahrhunderte, zum anderen den sogenannten *Caroline Divines*. Bei den letzteren handelt es
sich um Theologen und Kirchenmänner, die während der Regierung der beiden
Könige Karl I. (1600–1649) und Karl II. (1630–1685), d. h. unmittelbar vor und nach
der republikanischen Phase 1649–1660, wirkten. Dazu gehörten Persönlichkeiten
wie Lancelot Andrewes (1555–1626), William Laud (1573–1645), John Cosin
(1594–1672), Herbert Thorndike (1598–1672) und Jeremy Taylor (1613–1667). Um
das Gedankengut der Autoren, die sie als Gewährsmänner für ihre eigene Theologie
und Ekklesiologie betrachteten, dem englischen Lesepublikum erneut zugänglich
zu machen, lancierten die Traktarianer zwei Schriftenreihen: die *Library of the Fathers
of the Holy Catholic Church* (in der zwischen 1838 und 1885 48 Bände erschienen)
sowie die *Library of Anglo-Catholic Theology* (in der zwischen 1841 und 1863 95 Bände erschienen).

[98] John Henry Newman, Remarks on Certain Passages in the Thirty-Nine Articles [Tract 90],
in: ders., Tracts for the Times, hg. von James Tolhurst, Leominster/Notre Dame, IN
2013 (The Works of Cardinal John Henry Newman 10), 382–475.

sich somit auf den Weg begab, der letztlich zu seinem Übertritt zur Kirche Roms führte.[99]

In ihren Anfängen hatte die Oxford-Bewegung ein eindeutig akademisches Profil: Ihre Vertreter waren Mitglieder des Lehrkörpers an der dortigen Universität und vornehmlich an der Verbreitung von Ideen mittels entsprechender Buchveröffentlichungen interessiert. Erst nach 1845 rückte die Frage der Anwendung jener Ideen auf die kirchliche Praxis allmählich in den Vordergrund. Dies darf allerdings nicht als eine Verlagerung der Aufmerksamkeit von der Dogmatik etwa hin zur Ästhetik gedeutet werden. Vielmehr handelte es sich um eine Erweiterung des Horizonts, die wiederum in der Erkenntnis begründet war, dass auch im kirchlichen Leben geistiger Gehalt und wahrnehmbare Gestalt einander zu entsprechen haben. Denn das Festhalten an einer Lehre sei überhaupt nur möglich, wenn diese in einer bestimmten Praxis verkörpert sei und bleibe; umgekehrt führe die Veränderung der Praxis unweigerlich zu einer Veränderung der Lehre.[100] Die Wiederentdeckung der Katholizität müsste deshalb einen konkreten und nachhaltigen Niederschlag im Leben der Kirche haben. Dafür plädierte u. a. die 1839 gegründete *Camden Society* (später *Ecclesiological Society*), die sich in den folgenden Jahrzehnten mit großem Erfolg für die Renovation zahlreicher Kirchengebäude einsetzte, mit dem Ziel, die Symbolik des Kirchenraums nach neogotischen Maßstäben erneut zur Geltung zu bringen. Der Gründer der *Camden Society*, John Mason Neale (1818–1866), sollte bald zu einem der prominentesten Befürworter liturgischer Erneuerung in der Anglikanischen Kirche avancieren.[101]

In den 1850er Jahren begannen Neale sowie andere pastoral tätige Anhänger der Oxford-Bewegung Änderungen betreffend das Zeremonial und die Paramentik einzuführen, die sie selbst als gebotene Rückkehr zur ursprünglichen Praxis der englischen Kirche auffassten, ihre Gegner dagegen als gefährlichen »Ritualismus« anprangerten. Die daraus entstehenden Konflikte konnten sich teilweise dermaßen zuspitzen, dass die Polizei einschreiten musste.[102] Nach der Verabschiedung des *Public Worship*

Denn das Festhalten an einer Lehre sei überhaupt nur möglich, wenn diese in einer bestimmten Praxis verkörpert sei und bleibe.

---

[99] Frank M. Turner, John Henry Newman. The Challenge to Evangelical Religion, New Haven/London 2002, 358–375.

[100] Sparrow Simpson, History, 75 f.: »In fact doctrine depends on Ritual. When Symbolism ceases, doctrine declines. [...] It really is profoundly true that ideas and their expression are intimately related. There are forms which are appropriate to the ideas, and forms which misrepresent them. Doctrine is not only conveyed by words, but also by signs and symbolic actions.«

[101] Vgl. Michael Chandler, The Life and Work of John Mason Neale (1818–1866), Leominster 1995; A. G. Lough, The Influence of John Mason Neale, London 1962.

[102] Reed, Glorious Battle, 57–59.

Regulation Act von 1874 kam es sogar zur Inhaftierung von Geist-lichen, die von den expliziten liturgischen Anweisungen des *Book of Common Prayer* abwichen.[103] Allmählich bildeten sich jedoch in verschiedenen Diözesen Zentren der liturgischen Er-neuerung heraus, die zwar ihre »Katholizität« unterschiedlich auslebten, aber immer mehr als Teil der anglikanischen Kirchen-landschaft akzeptiert wurden.[104] Das Ansehen der »Ritualisten« steigerte zudem die Tatsache, dass viele unter ihnen ein hohes soziales Engagement an den Tag legten, indem sie sich bewusst der pastoralen Betreuung der ärmeren Schichten in den Groß-städten annahmen.[105]

Wichtige Knotenpunkte im entstehenden anglo-katholischen Netzwerk bildeten ferner die Ordensgemeinschaften, in denen der Anglo-Katholizismus – auch hier allerdings mit deutlichen Unterschieden in der Umsetzung – gleichsam zur umfassenden Lebensform einer geschlossenen Gruppe wurde. Hatte bereits John Henry Newman nach seinem Weggang aus Oxford eine kleine Kommunität gegründet, die sich allerdings 1845 auf-löste,[106] so entstand im gleichen Jahr die erste anglikanische Schwesternschaft (*Sisterhood of the Holy Cross*, London).[107] In den folgenden Jahrzehnten kam es zu zahlreichen Gründungen von Kommunitäten unterschiedlichen Profils, wobei die meisten diakonisch tätige Schwesternschaften waren. 1865 wurde durch Richard Meux Benson (1824–1915) und mit der Unterstützung Puseys die erste, bis heute bestehende und damit auch lang-lebigste Bruderschaft ins Leben gerufen: die *Society of St. John Evangelist*.[108]

Zusammen mit der *Community of the Resurrection* und der *Society of the Sacred Mission*, die beide etwa dreißig Jahre später ent-standen, gehörte sie bis in die zweite Hälfte des 20. Jahrhunderts hinein zu den bekanntesten anglikanischen Bruderschaften. So ist es auch nicht verwunderlich, dass Stählin, Bonhoeffer und

---

[103] Gilley, Art. »Hochkirchliche Bewegung I«, 417.

[104] Bei den Anglo-Katholiken bestand ein Unterschied zwischen solchen, die sich strikt an das *Book of Common Prayer* – zumindest was die laut gesprochenen Teile der Liturgie anbelangte – hielten und solchen, die die Formulare aus anderen, meist römisch-katho-lischen Quellen in unterschiedlichem Umfang »anreicherten«. Viel weiter gingen jedoch die »Anglo-Päpstlichen« (*anglo-papalists*), die den römischen Ritus tel quel und in Lateinisch übernahmen, vgl. Michael Yelton, Anglican Papalism. An Illustrated His-tory 1900–1960, Norwich 2005.

[105] Reed, Glorious Battle, 148–172.

[106] Turner, John Henry Newman, 412–425.

[107] Anson, The Call of the Cloister, 220–242.

[108] A. a. O., 72–90; zu Bensons Leben und Werk siehe M. V. Woodgate, Father Benson. Found-er of the Cowley Fathers, London 1953; Benson of Cowley, hg. von Martin L. Smith, Oxford et al. 1980.

Schutz ein besonderes Interesse hatten, genau diese drei Kommunitäten näher kennenzulernen. Da die *Society of St. John Evangelist* jedoch aller Wahrscheinlichkeit nach von Dietrich Bonhoeffer letztlich nicht aufgesucht wurde,[109] wird im Folgenden nur auf die letzten beiden näher eingegangen.

2.2 Die »Community of the Resurrection«

Die *Community of the Resurrection* (CR) wurde 1892 gegründet, als sich sechs junge anglikanische Priester in der Kapelle vom *Pusey House* (Oxford)[110] zu einem gemeinsamen, zölibatären Leben verpflichteten. Die CR ging aus der fünf Jahre zuvor ins Leben gerufenen *Society of the Resurrection* hervor, einer Gemeinschaft von unverheirateten Priestern, die jedoch nicht gemeinsam lebten. Prägend für die *Society* und später für die CR war von Anfang an die Verbindung von katholischem Geist (etwa in der Pflege des Stundengebets und in der eucharistischen Frömmigkeit) und sozialen Anliegen. So waren fünf unter den sechs Gründungsbrüdern Mitglieder der *Christian Social Union* (CSU), die 1889 ins Leben gerufen worden war, um die aktive Beschäftigung der Kirche Englands mit sozialen Fragen zu fördern.[111] Charles Gore, der erste *superior* der CR, war sogar gleich bei der Gründung der CSU zu deren Vizepräsidenten geworden, während Walter Howard Frere, der 1902 Nachfolger von Charles Gore werden sollte, als Sekretär der CSU in London wirkte.[112] Da Gore und Frere ferner beide zu den Protagonisten des englischen kirchlichen Lebens zwischen Ende des 19. und der ersten Hälfte des 20. Jahrhunderts gehörten, gewann die CR nicht zuletzt durch sie an Visibilität und Ansehen.

Charles Gore (1853–1932),[113] sowohl väterlicher- als auch mütterlicherseits ein Sprössling des englischen Adels, wuchs zwar in einem evangelikal geprägten Milieu auf, kam aber schon als Schüler mit anglo-katholischem Gedankengut in Berührung. Während des Studiums am *Balliol College* (Oxford) vertiefte sich dieser Bezug u. a. durch seine Bekanntschaft mit Richard Meux Benson. Nach der Diakonen- (1876) und Priesterweihe (1878) wur-

---

[109] Siehe oben, Kap. 1.2.

[110] *Pusey House* ist ein der Universität Oxford angegliedertes und immer noch bestehendes Studienzentrum, dessen erklärtes Ziel es ist, das geistige Erbe der Oxford-Bewegung und speziell von Edward Bouverie Pusey, nach dem das Zentrum genannt ist, zu pflegen und fortzuführen.

[111] Alan Wilkinson, A Biographical Sketch, in: Walter Frere. Scholar, Monk, Bishop, hg. von Benjamin Gordon-Taylor/Nicolas Stebbing, Norwich 2011, 1–27, hier 1.

[112] A.a.O., 3.

[113] Zur Biographie Charles Gores vgl. Alan Wilkinson, Art. »Gore, Charles«, in: ODNB, Bd. 22, 974–978; G. L. Prestige, The Life of Charles Gore. A Great Englishman, London 1935.

de Gore 1880 Vizerektor des *Theological College* in Cuddesdon,[114] sodann erster Rektor des 1884 gegründeten *Pusey House*. 1889 beteiligte sich Gore nicht nur an der Gründung der CSU, sondern geriet auch ins Zentrum einer theologischen Kontroverse, die der von ihm mitherausgegebene Sammelband *Lux Mundi* entfachte.[115] In seinem Beitrag zu besagtem Sammelband hatte Gore die Ansicht vetreten, das Erkenntnisvermögen des Gottessohnes sei in Folge der Menschwerdung »humanisiert« und damit auch eingeschränkt worden, was für manche seiner Freunde unter den Anglo-Katholiken völlig inakzeptabel war. Es wäre jedoch verfehlt, deshalb in Gore einfach einen Vertreter eines theologischen Liberalismus kontinentalen Zuschnitts zu sehen, hatte er doch bereits zwei Jahre zuvor in einer gedruckten Predigt (*The Clergy and the Creeds*) unmissverständlich festgehalten, dass die Verpflichtung aller ordinierten Geistlichen auf die von der Kirche Englands offiziell anerkannten altkirchlichen Glaubensbekenntnise (Apostolikum, Nizänum und Athanasianum) nicht zur Disposition stehen dürfe.[116]

Etwa ein Jahr nach der Gründung der CR übernahm Gore eine Pfarrstelle in Radley (Oxfordshire), und die Kommunität zog mit ihm in das dortige Pfarrhaus ein. Bereits 1894, nachdem er zweimal einen Nervenzusammenbruch erlitten hatte, was zu längeren Abwesenheiten von Radley führte, wurde Gore allerdings zum Kanoniker der *Westminster Abbey* (London). Ab diesem Zeitpunkt blieb er zwar in Kontakt mit der CR, die 1898 ihre endgültige Bleibe in Mirfield (Yorkshire) finden sollte, seine Verbindung zur Kommunität wurde jedoch immer loser. Nach sieben Jahren an der *Westminster Abbey*, während derer er besonders als Prediger brillierte, wurde er zunächst Bischof von Birmingham (1901–1911), später Bischof von Oxford (1911–1919). Nach seiner Emeritierung lebte er in London und betätigte sich sowohl als Dozent am *King's College* wie auch publizistisch. Das hohe Ansehen Gores, der als einer der »faszinierendsten und einflussreichsten Bischöfe der Kirche Englands im 20. Jahrhundert« gelten dürfte,[117] blieb bis zu seinem Lebensende intakt. Das hatte nicht nur zur Folge, dass er Ehrendoktortitel von fünf verschiedenen englischen Hochschulen sowie von der Universität Athen erhielt, sondern auch, dass

---

[114] Zur Geschichte dieser bedeutenden Institution, die 1854 durch Samuel Wilberforce (1805–1873), Bischof von Oxford, gegründet wurde, vgl. Owen Chadwick, The Founding of Cuddesdon, Oxford 1954; Mark D. Chapman, God's Holy Hill. A History of Christianity in Cuddesdon, Charlbury 2004, 87–183.

[115] Sparrow Simpson, History, 163–170.

[116] Wilkinson, Art. »Gore, Charles«, 976.

[117] A.a.O., 977.

er der anglikanischen Delegation am dritten, vierten und fünften »Mechelner Gespräch« (1923–1925) angehörte.[118]

Walter Howard Frere (1863–1938), Nachfolger Gores als *superior* der CR, studierte am *Trinity College* (Cambridge) und wurde nach einem Ausbildungsjahr am *Wells Theological College* 1887 zum Diakon, sodann 1889 zum Priester geweiht. Nach knappen drei Jahren Pfarramt in Stepney (London) schloss er sich 1892 der CR in Oxford an und zog 1893 zusammen mit seinen Mitbrüdern nach Radley. Da Gore, der offizielle Pfarrer von Radley, mehrheitlich abwesend war und 1894 zur *Westminster Abbey* als Kanoniker berufen wurde, fiel die Gemeindearbeit Frere und den anderen Mitgliedern der CR zu. Als dann 1898 die Kommunität nach Mirfield zog, ging Frere mit und versah von 1902 bis 1922 auch das Amt des *superior*. Abgesehen von den zwölf Jahren, in denen er als Bischof von Truro amtierte (1923–1935), lebte Frere ab 1898 immer in Mirfield. Er liegt in der Kirche, die in seinem Todesjahr fertiggebaut wurde, neben dem Hochaltar begraben.[119]

Frere stammte aus einer Akademikerfamilie – sowohl sein Großvater als auch sein Vater bekleideten hohe Ämter am *Downing College* in Cambridge[120] – und entsprach auch selbst viel mehr als sein Mitbruder Charles Gore dem Typus des Akademikers. Er besorgte im Bereich der Liturgiewissenschaft zahlreiche Texteditionen[121] sowie historische und systematische Studien,[122] wobei etwa seine revidierte Ausgabe von Francis Procters *History of the Book of Common Prayer* jahrzehntelang als Standardwerk galt.[123] Erwähnenswert ist ebenfalls seine Mitwirkung an der wissenschaftlichen Ausgabe des Gesangbuchs *Hymns Ancient and*

---

[118] Anders als Frere war Gore nicht von Anfang an Mitglied der englischen Delegation gewesen und wurde erst auf expliziten Wunsch des Erzbischofs von Canterbury, Randall T. Davidson (1848–1930), hin einbezogen. Davidson war der Ansicht, die englische Delegation hätte in den beiden ersten Gesprächen (1921 und 1922) der römisch-katholischen Seite gegenüber zu große Zugeständnisse gemacht, und wollte durch die Teilnahme Gores diese Haltung konterkarieren. Vgl. Bernard Barlow, »A Brother Knocking at the Door«. The Malines Conversations 1921–1925, Norwich 1996, 59; 104 f.; 110 f.

[119] Trotz seines gespaltenen Verhältnisses zum kommunitären Lebens war es auch Charles Gores Wunsch, in Mirfield begraben zu werden. Seine Grabstätte liegt jener Freres gegenüber.

[120] Siehe C. S. Phillips, Family and Training, in: Walter Howard Frere – Bishop of Truro. A Memoir, hg. von C. S. Philipps, London 1947, 13–31.

[121] Vgl. The Use of Sarum, hg. von Walter Howard Frere, 2 Bde., Cambridge 1898/1901; The Hereford Breviary, hg. von Walter Howard Frere/Langton E. G. Brown, 3 Bde., London 1904–1915 (Henry Bradshaw Society Subsidia 26; 40; 46).

[122] Walter Howard Frere, Some Principles of Liturgical Reform, London 1911; ders., The Principles of Religious Ceremonial, London ²1928 (erste Aufl.: 1901); ders., The Anaphora or Great Eucharistic Prayer. An Eirenical Study in Liturgical History, London 1938.

[123] Francis Procter/Walter Howard Frere, A New History of the Book of Common Prayer, London 1901.

Modern, für die er eine umfangreiche historische Einleitung verfasste.[124]

Angesichts seines hohen Ansehens als Liturgiewissenschaftler ist es nicht verwunderlich, dass Frere in die Erarbeitung einer revidierten Ausgabe des *Book of Common Prayer* involviert war, ein groß angelegtes und ambitioniertes Projekt, das allerdings letztlich scheiterte.[125] Als prominenter Kirchenmann und Vertreter eines milden Anglo-Katholizismus war er ferner an verschiedenen ökumenischen Unternehmungen beteiligt, wobei neben den bereits erwähnten »Mechelner Gesprächen« (1921–1925) seine Kontakte zur russischen Orthodoxie besonders eng waren: Frere war erstmals 1909 in Russland, besuchte das Land erneut 1914 und hielt in St. Petersburg eine Vorlesungsreihe über Geschichte und Profil der englischen Kirche.[126] Freres Engagement im anglikanisch-orthodoxen Dialog schlug sich später in der Gründung der *Fellowship of St. Alban and St. Sergius* nieder, als deren erster anglikanischer Vorsitzender er auch fungierte.[127]

Ging die Initiative für die Gründung der CR auf den charismatischen Charles Gore zurück, so fiel Walter Frere die Aufgabe zu, die Kommunität zu konsolidieren und für Stabilität zu sorgen.[128] Die Anfangsjahre seines Amtes als *superior* waren sehr prägend für die weitere Geschichte der CR: 1902 wurde das *Theological College* eröffnet; im darauffolgenden Jahr übernahm die CR die Führung des *St. John's College* in Johannesburg und gründete ein eigenes *Theological College* in Rosettenville (Südafrika).[129] Ebenfalls 1903 wurde eine Art Dritter Orden der CR ins Leben gerufen (*Fraternity of the Resurrection*),[130] während 1911 die Bauarbeiten für ein geräumiges Kirchengebäude begannen, die allerdings während des Ersten Weltkriegs ins Stocken gerieten und erst 1938 zu Ende kommen konnten.

Contemplari et contemplata aliis tradere.

Somit prägte Frere wesentlich mit, was Stählin, Bonhoeffer und Schutz bei ihren Besuchen als den »Geist« von Mirfield wahrnahmen. Dieser lässt sich in der Formel *contemplari et contem-*

---

[124] Walter Howard Frere, Introduction, in: Hymns Ancient and Modern for Use in the Services of the Church. Historical Edition, London 1909, ix–cxi.

[125] Vgl. Philip Corbett, Between the Devil and the Deep Blue Sea. Prayer Book Revision and Beyond, in: Gordon-Talyor/Stebbing (Hg.), Walter Frere, 162–178.

[126] Walter Howard Frere, English Church Ways Described to Russian Friends in Four Lectures, London 1914.

[127] Anson, The Call of the Cloister, 137.

[128] Vgl. C. S. Phillips, Stepney and Radley, in: Phillips (Hg.), Walter Howard Frere, 32–42, hier 37. Siehe auch Anson, The Call of the Cloister, 129.

[129] A. a. O., 133 f. Am Theological College der CR in Rosettenville bekam der spätere Erzbischof von Kapstadt, Desmond Mpilo Tutu (1931–2021), seine erste theologische Ausbildung.

[130] A. a. O., 136 f.

plata aliis tradere[131] treffend zusammenfassen.[132] Denn wie der Predigerorden strebte die CR danach, Gebetsleben, Studium und Bildungsarbeit organisch miteinander zu verbinden. So wurde die Pflege des Stundengebets unter Einhaltung der großen und kleinen Horen[133] sowie die Feier der Eucharistie (sonntags, dienstags und an christlichen Festen)[134] ergänzt durch das Angebot eines zweijährigen, kostenlosen Kurses für Amtskandidaten aus ärmeren Gesellschaftsschichten.[135] Die Studenten residierten in Mirfield und nahmen am Leben der CR teil. Die meisten hatten bereits während des Grundstudiums an der Universität Leeds in einer Herberge der CR (*Hostel of the Resurrection*) gewohnt, welche zugleich eine Niederlassung der Kommunität bildete.[136] Die CR war bereits damals schließlich auch in der Missionsarbeit, etwa in Südafrika und Rhodesien,[137] und im pastoralen Bereich tätig, indem sie zum einen Raum für Einzelne und Gruppen bot, die zu Einkehrtagen (*retreats*) nach Mirfield kommen wollten, zum anderen selbst Brüder in Kirchengemeinden entsandte, die mit ihnen sogenannte *parish missions* organisieren wollten.[138]

2.3 Die »Society of the Sacred Mission«

Begann die CR erst zehn Jahre nach deren Gründung, sich im Bereich theologischer und pastoraler Ausbildung zu engagieren, so entwickelte sich die *Society of the Sacred Mission* (SSM) umge-

---

[131] »Beschauen und das Erschaute anderen weitergeben«. Das Motto geht auf eine Aussage des Thomas von Aquin zurück, Summa theologiae IIaIIae q. 188 a. 6 co.: »Sicut enim maius est illuminare, quam lucem solum videre, ita maius est contemplata aliis tradere, quam solum contemplari« – »Denn, wie es besser ist, zu erleuchten, als nur zu leuchten, so ist es auch größer, das in der Beschauung Empfangene an andere weiterzugeben, als bloß der Beschauung zu leben« (dt. Übers. aus: Thomas von Aquin, Summa theologica. Vollständige deutsch-lateinische Ausgabe, hg. von Heinrich M. Christmann OP, Bd. 24: Stände und Standespflichten [IIaIIae qq. 183–189], Heidelberg et al. 1952, 216).
[132] So Anson, The Call of the Cloister, 132.
[133] Die CR beobachtete die Laudes und Vesper nach den Formularen des *Book of Common Prayer* 1662 (*Morning* und *Evening Prayer*) und benutzte für Prim, Terz, Sext, Non und Komplet die Formulare aus J. Oldknow/A. D. Crake (Hg.), The Priest's Book of Private Devotion, London 1878, die später auch separat unter dem Titel *Prime and Hours According to the Use of the Church of England* (London 1897) erschienen. Sowohl Stählin als auch Bonhoeffer imponierte, dass in Mirfield das ganze Psalm 119 täglich während der kleinen Horen gebetet wurde (Prim: VV. 1–32; Terz: VV. 33–80; Sext: VV. 81–128; Non: VV. 129–176), vgl. Stählin, Via vitae, 103; Bethge, Dietrich Bonhoeffer, 474f. Diese Praxis hatten die erwähnten Gebetbücher allerdings einfach vom römischen Brevier übernommen, vgl. Prinz Max, Herzog zu Sachsen, Erklärung der Psalmen und Cantica in ihrer liturgischen Verwendung, Regensburg/Rom 1914, 420.
[134] Anson, The Call of the Cloister, 132.
[135] Wilkinson, Biographical Sketch, 9f.
[136] Anson, The Call of the Cloister, 135.
[137] A.a.O., 134f.
[138] A.a.O., 133.

kehrt aus einer theologischen Schule heraus.[139] Diese wurde ins
Leben gerufen, als Herbert Hamilton Kelly (1860–1950)[140] 1890
von Charles Corfe (1843–1921), Bischof in Korea, damit beauftragt wurde, sich der Ausbildung einer Gruppe von jungen Männern anzunehmen, die sich der Missionsarbeit in Korea widmen
wollten. Kelly, der nach einem Studium am *Queen's College* (Oxford) 1883 zum anglikanischen Priester ordiniert worden war
und zunächst selbst vorhatte, als Missionar zu wirken, war überzeugt, dass eine Missionarsschule nur als geistliche Gemeinschaft sinnvoll zu führen wäre: In ihr sollten die Studenten und
Lehrer – die alle ledig zu sein hätten – ihr gemeinsames Leben
nach dem Rhythmus der Tagzeitengebete und der regelmäßig
gefeierten Eucharistie gestalten. In den ersten drei Jahren ihres Bestehens war die Missionarsschule mit Sitz in Kennington
(London) als *Korean Missionary Brotherhood* bekannt, sie hatte
sich jedoch noch nicht formal als Ordensgemeinschaft konsti-
tuiert. Dies geschah 1893, als Kelly und zwei weitere Mitglieder
der Gemeinschaft in den Novizenstand der nun neu konstituer-
ten SSM traten, deren Regel drei Jahre später vom damaligen
Bischof von Rochester, Edward S. Talbot (1844–1934), offiziell
anerkannt wurde. Die SSM führte ihre Arbeit mit einer stets
wachsenden Anzahl von Studenten und Brüdern bis 1897 in
London weiter. Da verlegte sie ihren Hauptsitz nach Mildenhall
(Suffolk), um schließlich 1903 nach Kelham (Nottinghamshire)
zu ziehen. Zwischen 1927 und 1928 wurde am neuen Standort
auch eine geräumige Kapelle gebaut, die sich in ihrem Stil sehr
stark vom neogotischen Hauptgebäude (Kelham Hall) unterschied und welche sowohl für die Stundengebete als auch für die
Eucharistiefeiern genutzt wurde.

Mit der Übersiedlung nach Kelham begann die SSM, auch
Kandidaten für das kirchliche Amt im Mutterland auszubilden,
wobei sie die Missionsarbeit weiterhin unterstützte bzw. sich
selbst aktiv – vornehmlich in Südafrika – daran beteiligte. Neben der Bildungsarbeit, die eindeutig im Zentrum der Aktivität
der SSM in England stand, waren die ordinierten Brüder immer
wieder auch pastoral tätig, sei es punktuell als Gastprediger oder
aber längerfristig, indem sie für einige Jahre die Leitung von
Ortsgemeinden übernahmen. So betreute etwa eine Gruppe von
Brüdern zwischen 1937 und 1956 die Kirchengemeinde im Ar-

---

[139] Zur Geschichte der SSM vgl. a. a. O., 139–149; Alistair Mason, History of the Society of
the Sacred Mission, Norwich 1993.
[140] Zu Kellys Biographie vgl. Vincent Strudwick, Art. »Kelly, Herbert Hamilton«, in: ODNB,
Bd. 31, 116; Herbert Kelly, No Pious Person. Autobiographical Recollections, hg. von
George Every, London 1960.

beiterviertel »Parson Cross« von Sheffield, wo Stählin während seiner zweiten Englandreise sich für kurze Zeit aufhielt und so zumindest einige Eindrücke des gemeinsamen Lebens in der SSM bekam.[141]

Stählin äußerte sich später in seinen Lebenserinnerungen nicht sonderlich positiv über seine Erfahrungen in Sheffield.[142] Anders erging es offenbar Bonhoeffer, der dem Bericht seines Reisegenossen Julius Rieger zufolge von den Begegnungen in Kelham sehr profitierte. Bonhoeffer führte nicht nur lange Gespräche mit den Studenten, die alle »an dem Existenzkampf der Kirche im Dritten Reich interessiert waren«, sondern lernte auch den »ehrwürdigen und genialen Gründer von Kelham«, Herbert Helly, kennen.[143] Zudem konnte er sich ausführlich mit einem weiteren prominenten SSM-Mitglied unterhalten, dem Bibelwissenschaftler und Liturgiker Arthur Gabriel Hebert (1886–1963).[144]

Hebert übte vor allem in den 1930er Jahren großen Einfluss auf die anglikanische liturgische Theologie und Praxis aus, indem er nicht nur die Zentralität der Eucharistie als gemeinsame, auf die daran Teilnehmenden transformativ wirkende Handlung der Gottesdienstgemeinde betonte,[145]sondern auch im Rahmen der *parish-communion*-Bewegung die Gottesdienstteilnahme und den Kommunionsempfang in den Ortsgemeinden zu fördern suchte.[146] Dass die meisten Publikationen Heberts – mit Titeln wie *Liturgy and Society* (1935), *The Throne of David* (1941), *The Authority of the Old Testament* (1947) sowie *Apostle and Bishop. A Study of the Gospel, the Ministry and the Church-Community*

---

[141] Siehe oben, Kap. 1.1.

[142] Stählin, Via vitae, 546f.: »Dort [sc. in Sheffield] hatten ein paar Mönche aus Kelham (*Society of the Sacred Mission*) die Verwaltung und Versorgung der ganzen Pfarrei übernommen und lebten nun zu vieren oder fünfen in dem Pfarrhaus nach der Regel ihres Ordens. [...] der Stil dieser *vita communis* ist eine eigentümliche Mischung von Askese und einer gewissen Plumpheit; das Frühstück wird schweigend eingenommen, aber jeder liest dabei seine Zeitung!«

[143] Rieger, Bonhoeffer in England, 29f.

[144] A.a.O., 30. Zu Heberts Leben und Werk vgl. Mason, History, 162–188; Christopher Irvine, Worship, Church and Society. An Exposition of the Work of Arthur Gabriel Hebert, Norwich 1993; ders., A. G. Hebert, in: They Shaped Our Worship. Essays on Anglican Liturgists, hg. von Cristopher Irvine, London 1998 (Alcuin Club Collections 75), 64–70.

[145] Vgl. Arthur Gabriel Hebert, Liturgy and Society. The Function of the Church in the Modern World, London 1935, 65.

[146] Die *parish-communion*-Bewegung strebte die Etablierung der sonntäglichen Eucharistiefeier mit Gemeindekommunion als Hauptgottesdienst an und setzte sich damit bewusst von der Tendenz »katholisch« gesinnter Kreise in der Anglikanischen Kirche ab, die Eucharistie als »Priestermesse« ohne Kommunionempfang durch die Laien zu zelebrieren. Vgl. The Parish Communion. A Book of Essays, hg. von Arthur Gabriel Hebert, London 1937.

(1963) – nicht bei einem der üblichen kirchlichen oder akademischen Verlagen, sondern bei Faber & Faber (London) erschienen, mag auf den ersten Blick überraschen. Begründet war dieser Umstand in der engen Freundschaft, die Hebert mit dem Verlagsleiter von Faber & Faber, dem Dichter und späteren Literaturnobelpreisträger Thomas Stearns Eliot (1888–1965), verband. Eliot besuchte Kelham erstmals im September 1933 und hielt sich bis zum Zweiten Weltkrieg regelmäßig – sei es zu Einkehrtagen oder als Gastredner – bei der SSM auf.[147] Neben Hebert wurde auch ein weiterer SSM-Bruder, George Every (1909–2003), zu einem engen Vertrauten des Dichters.[148] Fand das Werk Eliots in Kelham offenbar Resonanz,[149] so schätzte er seinerseits die SSM als Ort, an dem in Übereinstimmung mit der anglo-katholischen Tradition, der er sich nach seiner Aufnahme in die Anglikanische Kirche 1927 bewusst angeschlossen hatte, gelebt, gedacht und gelehrt wurde.[150]

Als Bonhoeffer (1935) und Schutz (1947) Kelham besuchten, stand die Ordensgemeinschaft in voller Blüte: Die Anzahl der Brüder (Laien und Ordinierte) sowie der Studenten stieg langsam, aber stetig an, die sieben Gebetszeiten wurden täglich eingehalten – wobei das Abendgebet (*Evensong*) besonders feierlich verrichtet wurde – und eucharistische Feiern fanden ebenfalls täglich statt. Die Stundengebete verliehen dem Tag seine Struktur; die Zeit dazwischen war dem Unterricht und Studium, der Arbeit im Haushalt oder aber der Erholung gewidmet.[151] Erst nach dem Tod ihres Gründers (1950) und besonders ab Mitte der 1960er Jahre geriet die SSM in eine Krise, die 1974 letztlich zur Folge hatte, dass Kelham Hall aufgegeben werden musste.[152] Mittlerweile hat die SSM ihren Hauptsitz in Durham, während drei weitere Priorate in Südafrika, Lesotho und Australien bestehen.

---

[147] Vgl. The Letters of T. S. Eliot, hg. von Valerie Eliot/John Haffenden, Bd. 6: 1932–1933, New Haven/London 2016, xxxv; Eliot an Alida Monro, 12. September 1933, in: a. a. O., 639 f. Siehe auch Barry Spurr, »Anglo-Catholic in Religion«. T. S. Eliot and Christianity, Cambridge 2010, 151–154.

[148] Vgl. a. a. O., 253. Every besprach verschiedene Facetten von Eliots dichterischem Werk in seiner Monographie *Poetry and Personal Responsibility. An Interim Report on Contemporary Literature* (London 1949).

[149] Hebert bezeichnete etwa Eliots *The Rock* (1934) als »one of the greatest expressions in poetry of the new spirit« (Hebert, Liturgy and Society, 237).

[150] E. W. F. Tomlin, T. S. Eliot. A Friendship, London 1988, 92–97. Vgl. Kenneth P. Kramer, A New Type of Intellectual. Contemplative Withdrawal and *Four Quartets*, in: Religion and Literature 31/3 (1999), 43–74, hier 52: »What intrigued Eliot about monastic lifestyle was its integration of worship, prayer, study, manual labor, with periods of silence.«

[151] Rieger, Bonhoeffer in England, 30; Anson, The Call of the Cloister, 146 f.

[152] Mason, History, 266.

3. Inspirationen

Die Restauration der Kirche kommt gewiss aus einer Art neuen Mönchtums, das mit dem alten nur die Kompromisslosigkeit eines Lebens nach der Bergpredigt in der Nachfolge Christi gemeinsam hat. Ich glaube, es ist an der Zeit, hierfür die Menschen zu sammeln.[153]

Stählin, Bonhoeffer und Schutz wollten Formen des Ordenslebens für ihren jeweiligen evangelischen Kontext wiederentdecken. Dies taten sie in unterschiedlicher Weise und mit unterschiedlichen Ergebnissen. Bonhoeffers Finkenwalder Seminar und Bruderhaus waren an sich zwar kurzlebig, aber der Einfluss seines Gedankenguts in Schriften wie *Nachfolge* und *Gemeinsames Leben*[154] reichte weit über jene Konkretionen kommunitären Lebens hinaus. Die von Stählin 1931 mitgestiftete Evangelische Michaelsbruderschaft existiert bis heute, allerdings als geistliche Gemeinschaft, die weder auf die evangelischen Räte noch auf ein gemeinsames Leben im Sinne der *stabilitas loci* verpflichtet ist. Anders verhält es sich bei der *Communauté de Taizé*, die eine ordensähnliche Bruderschaft gemeinsam lebender, zölibatärer Männer ist.

Die Faszination, die das Mönchtum auf Stählin, Bonhoeffer und Schutz ausübte, war wohl darin begründet, dass es in ihren Augen eine umfassende Lebensform darstellte: Im Gegensatz zur typisch modernen und spätmodernen Isolation der »religiösen Sphäre« von anderen, rein »säkularen« Bereichen des Lebens sind im monastischen Leben geistige und soziale Arbeit, geistliche Praxis und Alltag miteinander organisch verbunden und integriert. Um selber einen unmittelbaren Eindruck zu bekommen, wie dies in einem evangelischen Kontext überhaupt (wieder) möglich sein könnte, suchten alle drei die Begegnung mit Gemeinschaften, die es offenbar geschafft hatten, an die Tradition christlichen kommunitären Lebens fruchtbar anzuknüpfen, ohne ihre Verwurzelung in einer reformatorischen Kirche aufzugeben.

Was sie in Mirfield und Kelham – bzw. Sheffield – vorfanden, war zwar immer das Gleiche. Da aber die Interessen der drei Besucher unterschiedlich waren, waren es auch verschiedene Aspekte des Daseins jener Kommunitäten, die sie besonders beeindruckten. Auf Schutz und seinen Weggefährten Thurian hatten die Erfahrungen in England insofern eine klärende Wirkung, als sie dort jenen ökumenischen Geist und jene »evangelische Katholizität«

---

[153] Dietrich Bonhoeffer an Karl-Friedrich Bonhoeffer, 14. Januar 1935, in: DBW, Bd. 13, 272 f., hier 273.

[154] Dietrich Bonhoeffer, Gemeinsames Leben (1939), in: ders., Gemeinsames Leben – Das Gebetbuch der Bibel, hg. von Gerhard Ludwig Müller/Albrecht Schönherr, Gütersloh 1987 (DBW 5), 13–102.

verwirklicht sahen, deren Förderung sie als die Aufgabe von Taizé zu erkennen begonnen hatten. Was Stählin und Bonhoeffer wiederum gleichermaßen positiv auffiel, war zum einen die Wiedergewinnung der Dimension der »Übung« als wesentlichen Aspekt im christlichen Leben entgegen dem typisch protestantischen Vorwurf, diese Vorstellung sei per se »gesetzlich« und daher abzulehnen. Zum anderen bejahten sie das Streben nach einer Synthese von geistlicher Übung und theologischer Reflexion, wobei Erstere gleichsam den Horizont darzustellen habe, in dem Letztere sich entfalte. So sollte etwa das Studium der Heiligen Schrift vor dem Hintergrund eines betenden und meditativen Umgangs mit ihr geschehen, damit das Hören auf die Schrift gegenüber dem Reden über sie vorrangig bleibe.[155]

> *[...] das Streben nach einer Synthese von geistlicher Übung und theologischer Reflexion, wobei Erstere gleichsam den Horizont darzustellen habe, in dem Letztere sich entfalte.*

Zugleich waren Bonhoeffers und Stählins Interesse an einer Adaption der anglikanischen Modelle unterschiedlich akzentuiert. Bonhoeffer war überzeugt, dass in der Krise, die das Eindringen nationalsozialistischen Gedankenguts in die Kirche verursacht hatte, eine besonders konzentrierte Besinnung auf den kirchlichen Auftrag gefordert war. Das bruderschaftliche Leben sollte ermöglichen, das Christsein so einzuüben, dass die Amtskandidaten im Kampf, der ihnen bevorstand, bestehen könnten. Bei Stählin stand zwar auch die Wahrnehmung einer Not der Kirche im Vordergrund,[156] diese fasste er aber viel weiter auf. So sollten Bruderschaften auch für ihn Orte der Konzentration und der Besinnung auf den kirchlichen Auftrag sein. Stählin war jedoch offenbar der Meinung, dass dies weder eine vorübergehende Aufgabe war noch sich nur auf die Theologen- und Vikarsausbildung beziehen durfte. Die Evangelische Michaelsbruderschaft stellt gerade deshalb ganz bewusst keinen Pfarrerbund dar. Sie möchte vielmehr ein Ort der konzentrierten Einübung dessen sein, was in der Kirche durch all ihre Glieder – unabhängig davon, ob sie ordiniert seien oder nicht – Wirklichkeit werden soll: »Damit es Bruderschaft in der Kirche gebe, gibt es Bruderschaften in der Kirche.«[157]

> *»Damit es Bruderschaft in der Kirche gebe, gibt es Bruderschaften in der Kirche.«*

Dass die kommunitäre Bewegung in Großbritannien und auf Kontinentaleuropa bei allen Unterschieden doch ähnliche Wege beschritt, ist freilich nicht zuletzt darin begründet, dass ihre verschiedenen Zweige eine gemeinsame Wurzel, die monastische Tradition der ungeteilten Kirche, hatten. Zugleich bekamen Wil-

---

[155] Vgl. Bethge, Dietrich Bonhoeffer, 529–532; Stählin, Via vitae, 547 f.
[156] Vgl. Die Urkunde der evangelischen Michaels-Bruderschaft, Marburg 1931, [3]: »[...] die Kirche [droht] sich selbst an den Anspruch der Welt zu verlieren [...].«
[157] Stählin, Bruderschaft, 40.

helm Stählin, Dietrich Bonhoffer und Roger Schutz durch ihre Kontakte und Beziehungen zu anglikanischen Ordensgemeinschaften wichtige Impulse für die Konsolidierung und Weiterentfaltung ihres Denkens und Werks. So vermag es kaum zu überraschen, was Geoffrey Curtis (1902–1981), seit 1938 Mitglied der *Community of the Resurrection*,[158] von einem Besuch bei der *Communauté de Grandchamp* (Boudry, Schweiz) in den frühen 1960er Jahren berichtet. Während der Mahlzeiten hatte eine Schwester aus Bonhoeffers *Gemeinsames Leben* vorgelesen. Auf die Frage hin, was er vom Buch halte, antwortete Curtis: »Es kommt mir so vor, als würde darin unser Leben in Mirfield beschrieben.«[159]

Dr. Luca Baschera, geb. 1980, ist Privatdozent für Praktische Theologie an der Theologischen Fakultät der Universität Zürich und Mitglied des Ministeriums Verbi Divini in der Evangelisch-reformierten Landeskirche des Kantons Zürich. Er arbeitet als Wissenschaftlicher Mitarbeiter am Institut für Schweizerische Reformationsgeschichte der Universität Zürich sowie als Beauftragter für Theologie bei der Evangelisch-reformierten Kirche Schweiz EKS (Bern). Er ist Vikar im Konvent Schweiz der Evangelischen Michaelsbruderschaft.

---

[158] Wilkinson, The Community of the Resurrection, 194.
[159] Curtis, Paul Couturier, 251: »It strikes me as a description of our life at Mirfield.« (Übersetzung, LB).

Vernetzte Spiritualität

von Petra Reitz

Das digitale Zeitalter fordert uns heute genauso heraus wie die Erfindung des Buchdrucks (um 1440) die Menschen am Ende des Spätmittelalters. So wenig sinnvoll es damals war, die »schwarze Kunst« zu verteufeln, so wenig zielführend wäre es heute, wenn man sich diesen neuen Medien ganz entziehen wollte. Sie sind zu nutzen als das, was sie sind: »Medien« – ein mitten in der Öffentlichkeit statthabender Vermittlungsweg von durchaus einiger Mittelmäßigkeit (wenn man einmal auf das Bedeutungsspektrum des Wortes im Lateinischen schaut).

Während der andauernden Corona-Pandemie wurde dieser Weg von verschiedenen kirchlichen Funktionsträgern auf unterschiedliche Weise mal mehr, mal weniger geglückt begangen. Die Not der außergewöhnlichen Situation rief nach neuen Wegen, die auch beschritten wurden. Aber muss die Kirche deshalb gleich digitaler werden, wie man aus dem Munde mancher Kirchenleitenden hören kann, die – wie wir alle – den Druck des Schwundes von Kirchenmitgliedern spüren und die Vertrocknung der Gottesdienstbeteiligung quälend erleben?!

Die Kirche muss *auch* digital werden und die neuen virtuellen Räume für ihre Kommunikation nutzen, aber Digitalität darf nicht als *Heils*mittel gegen schwindende Relevanz verstanden werden, denn dann hätte man die Verhältnismäßigkeit der Mittel (Medien) nicht beachtet!

Auch im Kontext der Berneuchener Gemeinschaften gab und gibt es während der Pandemie wöchentliche Verabredungen im Internet zu gemeinsam gesungenen Tagzeitengebeten. Dies hilft den Kontakt untereinander zu halten und sich gemeinsam im Gebet zu erleben. Aber hängen bleibend an der Oberfläche des Flachbildschirms können wir einander nicht alle zugleich singen hören, können einander nicht in Geräusch, Geruch und Atmosphäre erspüren – vielmehr ist unsere Kommunikation und unser Gebet linear. Das uns zur Verfügung stehende digitale Mittel ist dürftig, aber in dieser außergewöhnlichen Situation durchaus eine Möglichkeit, wenn auch eine bescheidene.

In dieser neuen Situation sollten wir uns als Christen und Christinnen vielmehr bewusst machen, dass Spiritualität schon immer *vernetzt* war – lange vor der Digitalisierung. Bereits in der Apostelgeschichte wird immer wieder berichtet, wie der Geist G'TTES den Menschen lenkt: Ob Hananias zum erblindeten Paulus geschickt wird (vgl. Apg 9,10ff.), der seinerseits bereits im Gebet erfährt, dass zu seiner Heilung Hananias auf dem Weg ist, oder ob ausgerechnet der jüdischen Prinzipien treue Petrus durch den Heiligen Geist so gelenkt wird, dass er sich der Heiden-Mission nicht mehr verschließen kann, indem er zum römischen Hauptmann Kornelius geführt wird (vgl. Apg 10 u. 11). In beiden beschriebenen Beispielen ist es eine Erfahrung auf Gegenseitigkeit: Sowohl Paulus erfährt im Gebet von Hananias wie Hananias von Paulus erfährt; und sowohl der Hauptmann Kornelius erfährt von Petrus wie auch Petrus vom Hauptmann Kornelius erfährt. Das Gebet ist der Knotenpunkt, die Synapse dieser Vernetzung. Beide erfahren in ihrer jeweiligen Situation vom bis dahin unbekannten Anderen im Gebet zu G'TT.

Somit bilden diese Konstellationen eine triadische Situation, die Neues hervorbringt, was zunächst als unmöglich erschien: Saulus, der Christenverfolger, wird zum bedeutendsten Missionar des Christentums. Petrus, der Judenchrist, dem es nicht möglich zu sein schien, sich von seiner Herkunft zu lösen, erfährt eine Weitung seiner G'TTES-Erfahrung, die ihm niemand in einer Zweier-Begegnung hätte vermitteln können. Es brauchte die dritte Dimension des Gebetes, in der G'TT durch Seinen Geist selbst wirken kann.

Digitalität aber basiert auf Binärcodes, deren duale Einfachheit (1–0) die Grundlage für die Verarbeitung digitaler Informationen bildet. In der Digitalität gibt es nur die dual-lineare Beziehung. Wenn wir uns digital, z. B. bei einer Video-Konferenz begegnen (auch, wenn mehrere Menschen daran teilnehmen), können wir einander nicht zugleich in die Augen schauen, um ein Drittes zu spüren. Unser Blick bleibt am Bildschirm hängen: Entweder schaue ich in die Kamera und vermittle dem Gegenüber das trügerische Gefühl, ich sähe ihn an … ohne ihn selbst zu sehen. Oder ich schaue auf den Bildschirm und sehe den anderen, ohne dass wir einander in die Augen blicken können. So können wir uns vernetzen, Informationen austauschen oder zeitgleich etwas tun. Um uns aber zu entwickeln, brauchen wir eine triadische Struktur: Auch in der Psychoanalyse geht man von dieser Struktur aus, wenn es um Entwicklung gehen soll. Damit sich ein Kind entwickeln kann, muss es die Möglichkeit zur Triangulation haben, was das Hinzutreten eines Dritten zu einer Zweierbeziehung ist. In der frühkindlichen Entwicklung ermöglicht dies einen ersten Reifeschritt für das Kind, das sich nun auch von einer Person, einem Elternteil (in der Regel die Mutter), lösen kann, ohne gleich ins Nichts zu fallen. In der Beziehung zu Mutter *und* Vater kann

Es brauchte die dritte Dimension des Gebetes, in der G'TT durch Seinen Geist selbst wirken kann.

es nun Liebe und Aggression gleichzeitig bestehen lassen und ertragen lernen. Dies ermöglicht Reifung.

Diese triadische Grundstruktur als Matrix für Entwicklung, ja für Schöpferisches zu begreifen, sollten wir uns als Christinnen und Christen, die an den Dreieinigen G'TT glauben, in Zeiten hoch geschätzter Digitalisierung, wach im Bewusstsein halten und der Welt ins Bewusstsein rufen.

Einmal im Monat erreicht die Mitglieder der Berneuchener Gemeinschaften eine Fürbittenliste aus dem Büro der Michaelsbruderschaft; und in manchen Monaten kommen wöchentlich Erweiterungen dieser Liste. Auf diesen Listen finden sich für Einzelne bekannte aber auch unbekannte Namen; in den wenigsten Fällen wissen wir, worum wir – im Hinblick auf den jeweils konkreten Menschen – bitten sollen. Wie kann nun dieses (Fürbitt-)Gebet geschehen? Wie geschieht überhaupt Fürbitte? Und wie geschieht im Gebet eine spirituelle Vernetzung – ganz ohne Digitalisierung?

Natürlich kann man G'TT ganz konkret um etwas Benennbares im Blick auf einen anderen Menschen bitten. Doch wie bete ich für jemanden, den ich (noch) nicht kenne, um dessen konkretes Anliegen ich nicht weiß? Hier ist die persönliche Fürbitte gemeint – nicht das Beten im öffentlichen Raum, das eine angemessene Sprachgestalt benötigt, um viele anzusprechen.

Beten ist wie Atmen: In der Fürbitte stelle ich mir den Menschen, für den ich beten soll, vor, oder nenne seinen Namen. Und ich stelle mir vor: Wenn ich einatme – atmet G'TT mich aus; und wenn ich ausatme, atmet G'TT mich ein. Ich bin mit G'TT in einem großen Atem-Rhythmus verbunden. Eines Tages werde ich ein letztes Mal ausatmen … und G'TT atmet mich ein. Ich stelle es mir so vor, wie es früher in Todesanzeigen stand: »*Er hauchte sein Leben in G'TT aus*«.

Im Fluss dieses Atmens gibt es immer schon eine Vernetzung – uranfänglich *(»Da machte G'TT der HERR den Menschen aus Erde vom Acker und blies ihm den Odem des Lebens in seine Nase. So ward der Mensch ein lebendiges Wesen.« – Gen 2,7)*.

Den Menschen, für den ich bete, stelle ich (virtuell) – jenseits konkreter Bitten und Anliegen – in diesen Atemrhythmus hinein; atmend trage ich ihn vor G'TT und überlasse G'TT, welches die Lösung für sein Anliegen ist. Die Vernetzung über den Atem ist geistgewirkt, denn am Ostermorgen, als Jesus mitten unter Seinen Jüngern erschien, sprach ER: *»Friede sei mit euch! Wie mich der Vater gesandt hat, so sende ich Euch. Und als ER das gesagt hatte, blies ER sie an und spricht zu ihnen: Nehmt hin den Heiligen Geist! Welchen ihr die Sünden erlasst, denen sind sie erlassen; und welchen ihr sie behaltet, denen sind sie erhalten.« (Joh 20, 21–23)*

Im Atem-, im Geist-Raum G'TTES zu leben, heißt: leben im IN ohne Außen.

Der Vorstellung, dass wir in einem IN ohne Außen leben, korrespondiert die derzeitige Kosmologie:

Von unserem Weltall sagt man, es dehne sich stetig aus – und man fragt sich: Wohin? Physiker erklären, dass es keinen Raum außerhalb gäbe, in den sich das Weltall ausdehnen könne, vielmehr müsste man sich die Ausdehnung wie die Oberfläche eines Luftballons vorstellen, die sich beim Aufblasen vergrößere.

In unserer Zeit wird viel von *Zeitenwende* gesprochen. Aber vielleicht ist es gar keine Zeitenwende, sondern in unserem Glauben wird gerade eine Wendung von der *Gegen*ständlichkeit (hier: ich – dort: der andere – über uns: G'TT) zur **In**-ständlichkeit vollzogen.

Im Atem-, im Geist-Raum G'TTES lebend bin ich schon immer vernetzt; und in dem Moment, wo ich dazu erwache, gilt: *von nun an … bis in Ewigkeit.*

Petra Reitz, geb. 1961 in Witten a. d. Ruhr, Freundin im Konvent Nord der Gemeinschaft St. Michael. Stipendium beim ›Evangelischen Studienwerk Villigst‹, Studium in Bonn, seit 1981 Geistliche Begleitung durch P. Dr. Anselm Grün OSB, Exerzitien-Leiter-Ausbildung bei den Jesuiten, 17 Jahre Gemeindepfarrerin am linken Niederrhein, Exerzitienbegleiterin in der ›Qualifikation Geistliche Begleitung‹ der EKiR, seit 2010 in der Militärseelsorge und seit 2017 erste Leitende Militärdekanin Westdeutschlands mit Dienstsitz in Köln.

Aber vielleicht ist es gar keine Zeitenwende, sondern in unserem Glauben wird gerade eine Wendung von der Gegenständlichkeit (hier: ich – dort: der andere – über uns: G'TT) zur In-ständlichkeit vollzogen.

Der Andersort

Ruhezonen für den Homo Faber

von Frank Lilie

Ein Gang durch die Werkstättenlandschaft

Kaum ein Gang durch eine unserer Städte, kaum eine Fahrt über Land, ohne dass ich an einer Baustelle vorbeikomme. Es wird gearbeitet und gebaut. Es wird abgerissen und es wird instandgesetzt. Kommt es mir nur so vor, oder ist die Welt außerhalb unserer Wohnungen und Häuser sehr männlich geprägt? Wo sehe ich eigentlich arbeitende Frauen im Straßenverkehr? In den Bautrupps oder der Stadtreinigung erkenne ich fast nur Männer. Eine Busfahrerin ist eher die Ausnahme. Der Homo Faber (der tätige Mensch) erscheint noch immer als Mann.

Eine männlich bestimmte Werkstättenlandschaft, so präsentiert sich unsere Öffentlichkeit. Den treffenden Ausdruck »Werkstättenlandschaft« hat Ernst Jünger (1895–1998) geprägt. In seinem Buch Der Arbeiter – Herrschaft und Gestalt aus dem Jahre 1932 hat er zu zeigen gesucht, dass die Technik unsere Lebenswelt vollständig umwandelt. Mit »Technik« meinte er alle Mittel, die von der Beherrschbarkeit der Welt ausgehen. Ihm ging es nicht um Ingenieursleistungen, sondern um den Nachweis, dass wir mehr und mehr davon überzeugt sind, unsere Welt und unser Leben in den Griff bekommen zu können. Die Arbeiten der Ingenieure sind nur ein Teil dieser Griffe, mit denen wir die Dinge und uns selbst handhabbar machen wollen. Unsere Lebenswelt wandelt sich zunehmend in eine Landschaft von Werkstätten. Das gilt sowohl für die Orte, an denen wir leben und an denen wir arbeiten, als auch für die Zeiten: Selbst in den Ferien und an freien Tagen möchten wir tätig sein, auch unsere Freizeit unterwerfen wir dem Diktat der Optimierung; wir übernehmen die Gesetzmäßigkeiten der Arbeitswelt selbst noch dort, wo wir ihnen eigentlich entfliehen möchten, und besteigen möglichst hohe Berge mit bestem Equipment, radeln auf Zeit oder trainieren unsere Muskulatur in Sportstudios. Selbst Birdwatcher möchten gern möglichst viele Vogelarten beobachten und bedienen sich dazu teuerster optischer Geräte.

Das sind keine neuen Beobachtungen. Sie ziehen sich durch die letzten Jahrhunderte hindurch und reizen immer wieder zu kulturkritischen Betrachtungen darüber, wann und womit diese Entwicklungen eigentlich begonnen haben. Mir kommt es so vor, als ob wir den »totalen Arbeitscharakter« der Welt so verinnerlicht

Den treffenden Ausdruck »Werkstättenlandschaft« hat Ernst Jünger (1895–1998) geprägt.

haben, dass er uns nicht mehr besonders auffällt. Wir leiden nicht mehr unter der Unterwerfung, sondern bestätigen immer fragloser, dass auch die arbeitsfreie Zeit den Gesetzmäßigkeiten der Arbeitswelt unterliegt. Es gibt kaum einen Zustand mehr, *»der nicht als Arbeit begriffen werden wird. Als praktisches Beispiel dafür ist die Art zu nennen, in der schon heute vom Menschen die Erholung betrieben wird. Sie trägt entweder, wie der Sport, einen ganz unverhüllten Arbeitscharakter, oder sie stellt, wie das Vergnügen, die technische Festivität, der Landaufenthalt, ein spielerisch gefärbtes Gegengewicht innerhalb der Arbeit, keineswegs aber das Gegenteil der Arbeit dar«* (wieder Ernst Jünger, wohlgemerkt bereits vor 90 Jahren!). Auch der Sportfreund ist Teil der *»Werkstättenlandschaft«* mit Tabellen, Trainingsprogrammen und Optimierungsapps. Konnte man den Berufssportler von einst noch spöttisch als Gladiator sehen, der stellvertretend Kämpfe zur Belustigung und Zerstreuung der Zuschauerschaft ausfocht, so tendiert die Zuschauerschaft zunehmend dazu, selbst Gladiatorenkämpfe auszutragen.

Selbst unsere Körper sind nur vermeintlich die letzten Bastionen der Selbstbestimmung. Nicht allein der Sport greift messend nach ihm, sondern auch Medizin und Psychologie. *»Ordnen Sie Ihr Befinden ein auf einer Skala von eins bis zehn«* – was als Hilfe zur Diagnostik auftritt, wendet wieder die wertenden und ordnenden Kriterien der Arbeits- und Werkstättenlandschaft an. Wird alles zur Zahl?

Wird alles zur Zahl?

Fremde Räume

Der französische Philosoph Michel Foucault (1926–1984) verwendete 1967 den Begriff *»Heterotopie«*. Er war davon überzeugt, dass es neben der *»Utopie«* (ein nichtexistierender Ort, wörtlich: ein Unort) als Raum der Sehnsucht oder der Wunschbilder jenseits der Lebenswelt (etwa der Traum von einer vollkommenen Gesellschaft) Orte *in* der Lebenswelt gibt, die deren Gesetzmäßigkeiten negieren und gleichzeitig bestätigen, wirksame Orte, die außerhalb unserer Lebenswelt liegen und dennoch aufgesucht werden können: *Andersorte* (griechisch *heteros*: anders; *topos*: Ort). Als solche fremden Orte benennt Foucault etwa Gefängnisse, Museen, Friedhöfe, Bordelle oder Gärten. Und auch Kultstätten wie Tempel oder Kirchen müssen genannt werden. Sie alle sind Teil der Lebenswelt und können aufgesucht werden, stellen aber zugleich eigene, zum Teil sehr fremde Regeln auf. Heterotopien sind Kraftorte, die störrisch und störend in der Landschaft stehen und sich ihr verweigern, zugleich aber in dieser Verweigerung die Landschaft erst möglich machen.

Heterotopien sind Kraftorte, die störrisch und störend in der Landschaft stehen und sich ihr verweigern, zugleich aber in dieser Verweigerung die Landschaft erst möglich machen.

Uns interessiert besonders das Kirchengebäude als *Andersort* mit eigenem Regelwerk. Kirchen sind per se fremde Räume. Sie stehen zwar meist mitten in der Ortschaft, aber wer ihre Portale durchschreitet, betritt eine andere Welt. Nur so, als andere Welt, als *Andersort*, hat der Kirchenbau eine Daseinsberechtigung. Jeder Versuch, den gottesdienstlichen Raum oder die gottesdienstliche Zeit näher zu den Menschen zu bringen (was immer das auch heißen mag), steht in der Gefahr, sie einzuebnen und beliebig zu machen. Denn gehört es nicht zur Existenzberechtigung des Raumes für die Religionsausübung, dass er eingerichtet wurde, um Erfahrungen zu ermöglichen, die ich andernorts nicht oder nicht so haben kann? Warum soll ich eine Kirche betreten, wenn ich das dort Gebotene auch sonst erleben kann?

Das bedeutet in der Umkehrung, dass der heterotope Raum Kirche sich selbst überflüssig zu machen droht, wenn er sich möglichst alltäglich und gefällig gibt. Es ist eine Tendenz zu beobachten, Kirchen als Wohnzimmer zu gestalten; Pflanzen, Teppiche, gemütliche Ecken, Bilder von Täuflingen und Kommunionskindern – als ob wir vor der Fremdheitserfahrung zurückschrecken, die ein Raum uns ermöglichen könnte. Diese Einebnung des Kirchenraumes sehe ich auch bei dem missverständlichen Aufgreifen des Wortes *Andersort* (oder *Heterotopie*) in den Planungen für Gottesdienste an anderen Orten! Weil wir der Sprache des Kirchengebäudes keine große Kraft mehr zutrauen, werden Gottesdienste für Schwimmbäder, Fabrikanlagen, Flughäfen oder Zechengelände geplant. Nichts gegen solche Feiern. Sie können sehr reizvoll sein! Und es kann vielleicht gelingen, die Betreiber solcher »anderen Orte« mit in das gottesdienstliche Geschehen einzubinden und zu sehen, ob das Evangelium seine Kraft auch im fremden Kontext entfalten kann.

Haltet die Fremdheit wach!

Doch ist der Kirchenraum selbst als Andersort geplant und gebaut – und der Gottesdienst geradezu als *Anderszeit* aus der Zeitmessung der *Werkstättenlandschaft* ausgespart! Ich möchte die Kirche als Ort erleben, in dem ich eine Veränderung meines Raum- und meines Zeitempfindens angeboten bekomme (nebenbei: Sollten die liturgisch Beteiligten am Gottesdienst nicht besser ihre Armbanduhren ablegen? Es wäre ein sichtbares Zeichen dafür, dass wir aus der bürgerlichen Zeitmessung heraustreten). Pascal Mercier (so nennt sich der Philosoph Peter Bieri, geb. 1944, als Romancier), lässt seinen Protagonisten in Nachtzug nach Lissabon (2004) aus nichtchristlicher Perspektive schreiben: *»Ich möchte nicht in einer Welt ohne Kathedralen*

leben. Ich brauche ihre Schönheit und Erhabenheit. Ich brauche
sie gegen die Gewöhnlichkeit der Welt. Ich will zu leuchtenden Kir-
chenfenstern hinaufsehen und mich blenden lassen von den unir-
dischen Farben. Ich brauche ihren Glanz. Ich brauche ihn gegen die
schmutzige Einheitsfarbe der Uniformen. Ich will mich einhüllen
lassen von der herben Kühle der Kirchen. Ich brauche ihr gebiete-
risches Schweigen. Ich brauche es gegen das geistlose Gebrüll des
Kasernenhofs und das geistreiche Geschwätz der Mitläufer. Ich
will den rauschenden Klang der Orgel hören, diese Überschwem-
mung von überirdischen Tönen. Ich brauche ihn gegen die schrille
Lächerlichkeit der Marschmusik. Ich liebe betende Menschen. Ich
brauche ihren Anblick. Ich brauche ihn gegen das tückische Gift des
Oberflächlichen und Gedankenlosen. Ich will die mächtigen Worte
der Bibel lesen. Ich brauche die unwirkliche Kraft ihrer Poesie. Ich
brauche sie gegen die Verwahrlosung der Sprache und die Diktatur
der Parolen. Eine Welt ohne diese Dinge wäre eine Welt, in der ich
nicht leben möchte.«

Heterotopien – Andersorte – Fremdräume. Sie stemmen sich
gegen den marktschreierischen Lärm der Werkstätten, indem sie
das Zeit- und das Raumempfinden verändern. Schützend werden
Mauern um solche Stätten gezogen, sie werden eingefriedet, um-
hegt (vom Wortursprung her: mit einer Hecke umgeben), damit sie
Aussparungen der Konsumwelt bilden können. Freilich, wenn wir
Michael Foucault aufmerksam zugehört haben, erkennen wir die
Dialektik dieses Vorgangs: Der Andersort bestätigt die sie umge-
bende Krachwelt; beide bleiben aufeinander bezogen, die eine
können wir ohne die andere nicht bekommen. Wir können hier
eine Parallele zur Fastnachtsfeier sehen: Die verkehrte Welt des
Karnevals entlässt die Jecken wieder in den Alltag, der, als richti-
ge Welt, leichter ertragen werden kann. Ein Ausbruch ist möglich,
die Rückkehr aber auch.

Das Berneuchener Haus Kloster Kirchberg wird von vielen
Gästen und Mitgliedern der tragenden geistlichen Gemeinschaften als Heterotopie erfahren und manchmal auch beschrieben.
Ob nun jemand vom »täglichen Umgang mit dem Heiligen«
spricht oder Biker mit dem Blick in die Landschaft beim Bier aus-
ruhen – immer ist es der Ort, dessen eigene Sprache nachbuch-
stabiert werden möchte. Die Raum-Zeit-Koordinaten verändern
sich. Diese Veränderung, die hier (und freilich auch in anderen
Fremdräumen) erfahrbar wird, muss nicht primär religiös erklärt
werden. Es reicht schon das Wissen um den anderen Ort, der die
Werkstättenlandschaft transzendiert (also auf andere mögliche
Ziele hin durchsichtig macht). Das freilich ist bereits eine religiöse Dimension.

Blick vom Kloster Kirchberg nach Osten auf die Schwäbische Alb und die Burg Hohenzollern.
Foto: Roger Mielke

Wir brauchen den Kirchberg als Ermöglichung von Fremdheitserfahrungen. Wir haben ein Recht auf Staunen, auf Überwältigung und auf geistliche Erlebnisse im engeren Sinne. Der Aufwand dafür ist immens, aber lohnend. Ruhezonen für den Homo Faber – wir benötigen sie mehr denn je, in der Welt, nicht von der Welt.

Pfarrer Dr. Frank Lilie, geb. 1960, ist Geistlicher Leiter des Berneuchener Hauses Kloster Kirchberg, er war lange Jahre Ältester der Evangelischen Michaelsbruderschaft.

Glaube, der unter die Haut geht

von Christian Schmidt

Tätowierungen als Glaubenszeugnis

Christlicher Glaube, der unter die Haut geht? Seine christliche Überzeugung auf der Haut tragen? Christus hautnah an sich heranlassen? Tätowierungen mit christlichen Zeichen können einen leiblichen Zugang zum Glauben öffnen. Aber wann wird eine Tätowierung zu einem Glaubenszeugnis? Wie zu einer unter die Haut gehenden Antwort auf die Anfrage der persönlichen geistlichen Verortung? Die Antwort auf diese Fragen geht in die Tiefe – viel tiefer als die Tätowiertinte in die Haut eindringen kann – sie berührt existenzielle Fragen der individuellen Lebensführung:

Mit welchem Bibelverständnis deute ich die Aussagen der Bibel, welche Relevanz haben die biblischen Aussagen im eigenen Leben? Verstehe ich, dass kirchliche Traditionen und geschichtliche Ereignisse meine heutige Wahrnehmung und Beurteilung von kulturellen Praktiken (wie das Tätowieren) mitgeprägt haben und somit auch meine Beurteilung dieser? Begreife ich kirchliche Traditionen als kollektiven Teil meiner eigenen Biografie und kann diese stimmig in meine persönliche Lebenssituation übertragen?

Zeugnis der Bibel

Christliches Leben und Handeln speist sich aus Bezügen zu biblischen Aussagen, somit auch die Frage nach Tätowierungen im christlichen Kontext. Meist wird hier auf 3. Mose 19,28 verwiesen: »Ihr sollt um eines Toten willen an eurem Leibe keine Einschnitte machen noch euch Zeichen einritzen; ich bin der Herr.« Wenn man den Text isoliert liest und als wörtliche Handlungsanweisung in sein heutiges Leben überträgt, kann man zum Schluss kommen, dass die Praxis des Tätowierens heute Christen nicht gestattet ist. Andererseits kann man den Text auch als Zeugnis einer historisches Praxis lesen und so für die heutige Zeit und die eigene Lebensführung als irrelevant deuten.

Im Zusammenhang mit anderen Textstellen gelesen jedoch entfaltet sich ein tiefer Sinn dieses Textes: Es geht um die Heiligung des eigenen Lebens. Das Kapitel 3. Mose 19 wird eingeleitet mit: »Und der Herr redete mit Mose und sprach: Rede mit der ganzen Gemeinde der Israeliten und sprich zu ihnen: Ihr sollt heilig sein, denn ich bin heilig, der Herr, euer Gott.« Es folgt eine Reihe von Anweisungen für das alltägliche Leben, von kultischen Geboten über Speisevorschriften bis hin zu Regelungen des sozialen Zusammenlebens.

Ein Aspekt der Heiligung ist die Abgrenzung von heidnischen Lebens- und Glaubenspraktiken: »Ihr sollt euch nicht zu den Götzen wenden und sollt euch keine gegossenen Götter machen; ich bin der Herr, euer Gott.« (3. Mose 19.4). Der Kontext des Hautritzens wird aus 5. Mose 14,1 ersichtlich: »Ihr seid Kinder des Herrn, eures Gottes. Ihr sollt euch um eines Toten willen nicht wund ritzen noch kahl scheren über den Augen.« Bezüge zum Götzendienst der Priester des Baals finden sich bei 1. Könige 18,28: »Und sie riefen laut und ritzten sich mit Messern und Spießen nach ihrer Weise, bis ihr Blut herabfloss.« Und Jeremia verheißt im Kapitel 16,6: »Große und Kleine sollen sterben in diesem Lande und nicht begraben noch beklagt werden, und niemand wird sich ihretwegen wund ritzen oder kahl scheren.«

Die Praxis des Hautritzens war also in alttestamentlichen Zeiten Teil von heidnischen (Trauer-)Riten und wurde gesellschaftlich als heidnisches Glaubenszeichen gedeutet. Daher war es konsequent, sich aufgrund der biblischen Aufforderung zur Heiligung des Lebens von der Praxis der Hautritzungen fernzuhalten. Im neuen Testament dagegen finden sich keine Textstellen, die direkt auf Tätowierungen eingehen.

Römisches Reich

Manche der frühen Christen ließen sich mit christlichen Symbolen tätowieren wie die Anfangsbuchstaben des Namen Christi – CX oder IN.

Manche der frühen Christen ließen sich mit christlichen Symbolen tätowieren, wie den Anfangsbuchstaben des Namen Christi – CX oder IN. Vermutlich wollten die Christen damit zeigen, dass bei ihnen ein Herrschaftswechsel stattgefunden hat: Dass sie nicht mehr einem weltlichen Herrscher sondern nun Christus verpflichtet sind. Im römischen Reich waren Tätowierungen verbreitet, so wurden Sklaven mit einem eintätowierten Eigentumszeichen ihres Herren versehen oder Straftäter sichtbar gekennzeichnet und damit aus der Gesellschaft ausgegrenzt. Diese Regelung der Straf- und Zwangstätowierung wurde von Kaiser Konstantin im vierten Jahrhundert abgemildert. Ausgehend von der Annahme, dass der Mensch ein Abbild Gottes ist und daher nicht verunstaltet werden darf, untersagte der Kaiser das Anbringen von Straftätowierungen im Gesicht. Im Verlauf der weiteren (westeuropäischen) christlichen Kirchengeschichte wandelte sich die Deutung und Praxis von Tätowierungen vielgestaltig, von Ausgrenzung, Ablehnung, Verboten, über kulturellen Ausdruck bis hin zum leiblichen Glaubenszeugnis und umgekehrt.

Aus dem Orient nach Europa

Anders verlief die Entwicklung im Orient. Vom 6./7. Jahrhundert an bis heute ist es bei orientalischen Christen ein verbreiteter Brauch, sich mit christlichen Motiven lebenslang zeichnen zu lassen. Kopten lassen sich in ihre rechte Handwurzel ein Kreuzzeichen eintätowieren, als Zeichen der Frömmigkeit und Zugehörigkeit und damit zur Abgrenzung in einer islamischen Mehrheitsgesellschaft.

Ins ägyptische Dorf Deir Dronka pilgern zu Maria Himmelfahrt koptische Wallfahrer und lassen sich christliche Motive tätowieren. Auch in Jerusalem können sich Pilger seit Jahrhunderten tätowieren lassen. Die christliche Familie Razzouk in der Altstadt führt nach eigenen Angaben seit dem Jahr 1300 ein Tattoo-Studio. Auch europäische Pilger ließen sich in Jerusalem ihre Haut mit christlichen Motiven stechen und brachten so die Tätowierung als Zeichen ihrer Pilgerfahrt zurück in die europäische kirchliche Welt. Als bislang frühester Bericht für die Pilgertätowierung eines Europäers gilt der Bericht des Alexander von Pappenheim 1563/64, der sich in Jaffa ein Kreuz stechen ließ.

Johannes Lundius beschreibt 1704 in seinem Reisebericht über das Heilige Land »Die alten jüdischen Heiligthümer, Gottesdienste und Gewohnheiten«, dass sich der Hamburger Bürger Rathge Stubbe auf seiner Haut eine Pilgertätowierung hat aufbringen lassen. Eingestochen waren unter anderem das Jerusalemkreuz mit Palmwedeln und der Stern von Bethlehem.

Aus der Südsee nach Europa

Nicht nur Pilger aus dem Orient, sondern auch Seefahrer brachten die Praxis des Tätowierens nach Europa. James Cook berichtete 1769 in seinem Reisebericht über polynesische Völker in der Südsee und ihre Tradition des Tätowierens. Cook übernahm das polynesische Wort »tatau«, woraus sich »Tattoo« bildete. Christliche Missionare bekämpften in Polynesien die Körperkunst der Tätowierung, da sie diese als heidnisch und primitiv ansahen. Statt auf Inkulturation des Christentums in lokale Traditionen zu achten, forcierten sie ihre Unterdrückung, da sie die Einheit von Christentum und europäischer Kultur als untrennbar ansahen. In Europa beflügelte die Südsee als freizügige und exotische Gegenwelt zur rigiden viktorianischen Zeit die Faszination und gleichzeitig die moralische Empörung über Tätowierungen. So brach in einigen gesellschaftlichen Schichten zeitweise eine Tätowierungswut aus, während vor allem bürgerliche Schichten diese ablehnten und negativ mit Kriminalität und Armut verbanden. So verbannten westliche Gesellschaften bis weit in das 20. Jahrhundert hinein die Kunst der Tätowierung in subkulturelle Milieus.

In der heutigen Zeit rückt die Praxis der Tätowierung immer weiter in die kulturelle Mitte der Gesellschaft.

In der heutigen Zeit rückt die Praxis der Tätowierung immer weiter in die kulturelle Mitte der Gesellschaft. Sie wird nicht mehr automatisch mit heidnischen Praktiken oder bestimmten Subkulturen assoziiert und die – wenn existent – in dem Hautbild liegende zeichenhafte Botschaft wird nicht mehr allein aufgrund des Trägermediums Haut abgelehnt. So öffnet sich (wieder) die Perspektive, dass eine Tätowierung zum Glaubenszeugnis werden kann.

Der Leib als Trägermedium

Eine Entwicklung in protestantisch-westlichen Kirchen ist die Versittlichung und Rationalisierung des Numinosen. Körperliche Glaubenspraktiken der alten Kirche wie Fasten, liturgisch geprägte Gottesdienste, Pilgern, Aschekreuz, Salbung, Gebetsgebärden wie Bekreuzigen oder Knien wurden abgeschafft oder als irrelevant betrachtet. Übrig blieb ein körperloser Glaube, der aus dem Körper ausgewandert »zu Kopfe gestiegen« war.

Übrig blieb ein körperloser Glaube, der aus dem Körper ausgewandert »zu Kopfe gestiegen« war.

Die Berneuchener Bewegung im 20. Jahrhundert entdeckte den geistlichen Reichtum der leibhaften Glaubenspraxis wieder und hat es sich zur Aufgabe gemacht, diese im Raum der evangelischen Kirche neu zu verlebendigen. Wilhelm Stählin, einer der Stifterbrüder, kritisierte 1930 im Buch »Vom Sinn des Leibes« die Entfremdung des Protestantismus vom Leibe und betonte die Relevanz des Leibes für die eigene Glaubenspraxis. Zu Tätowierungen finden sich keine Aussagen in den damaligen Berneuchener Publikationen, aber die Wiederentdeckung des Körpers als Trägermedium des Glaubens ist ein wichtiger Erkenntnisschritt der Berneuchener.

Vom Bild zum Zeichen zum Symbol

Ein Bild benötigt ein Trägermedium, um eine Botschaft zu vermitteln. Ob und welche Botschaft mit welchem visuellen Gestaltungsmittel und Trägermedium dem Betrachter übermittelt wird, unterliegt keinen Restriktionen. Ein Bild kann frei gestaltet werden und dem Betrachter fordert ein Bild kein eindeutiges Verstehen ab, es kann individuell interpretiert werden. Ein Zeichen hingegen übermittelt eine festgelegte Botschaft, beispielsweise das Verkehrszeichen »Stopp«. Damit diese Botschaft von allen Betrachtern identisch verstanden wird, ist das Trägermedium und die Gestaltung des Zeichens festgeschrieben. Auch wird die Botschaft dieses Zeichens in der Gesellschaft eindeutig kommuniziert, damit die durch die Botschaft des Zeichens vermittelte Handlungsanweisung identisch verstanden und befolgt wird. Ein Zeichen wird möglichst nicht verändert, damit es generationenübergreifend tradiert werden kann. Auch kann ein Zeichen auf Zugehörigkeit hinweisen, etwa ein Markenzeichen von Firmen auf die Verbindung des Produktes zum herstellenden Unternehmen. Oder eine Person kann durch das Tragen des Zeichens einer Gruppe ihre Verbundenheit mit dieser zeigen. In traditionellen Gesellschaften oder kollektiv ausgerichteten Organisationen ist genau geregelt, wer welches Zeichen wann tragen darf, sei es das tätowierte Kreuz am Handgelenk der Kopten, die Stola in der Kirche oder das Rangabzeichen beim Militär. Hier regelwidrig Zeichen zu tragen, die nicht den realen individuellen Status im Kollektiv ausdrücken, wird nicht akzeptiert.

In individualistischen Kontexten ist dem Träger die Wahl des Zeichens und seiner Bedeutungszuschreibung selbst überlassen, Rücksicht auf kollektive Vorgaben werden als nicht nötig erachtet. Statt Zugehörigkeit und Einfügung in eine kollektive Ordnung zeigt der Träger hier seine individuelle Gesinnung. Konflikte können entstehen, wenn ein Zeichen vom Träger als individueller Ausdruck, von der Umwelt aber als Zeichen der Zugehörigkeit gedeutet wird. Kreuz, Halbmond oder Davidsstern als bekannte Zeichen werden in unserer Gesellschaft meist als Zugehörigkeit gedeutet. Zeichen wie etwa die Lutherrose aber erschließen sich meist nur kirchlichen Kreisen als Bekenntnis zum Luthertum. Werden Zeichen aus anderen kulturellen Kontexten verwendet, so erschwert dies das Verstehen eines Zeichens als Bekenntnis zur Zugehörigkeit nochmals. Die eine Zeit lang als Tätowierung populären Zeichen der Maori etwa werden hier als modischer Ausdruck verstanden, ihr spiritueller Sinngehalt ist in unserer Gesellschaft nicht präsent.

Ein Zeichen wird dann zum Symbol, wenn es auf eine tiefere Bedeutungsebene hinweist, ein Symbol verbindet die menschliche Realität mit der transzendenten Sphäre. Die in der Liturgie verwendeten Zeichen wie Kreuz, Kelch oder Gesten werden zum Symbol, weil sie für kollektiven Erfahrungshorizont der Anwesenden die Verbindung menschlicher und göttlicher Wirklichkeit bewirken. Das Christusmonogramm kann als Zeichen mit der Botschaft »Jesus Christus vom Anfang bis zum Ende« rational verstanden werden, das den Zeichen inne liegende Symbol der überzeitlichen göttlichen Präsenz kann nur im geistlichen Lebensvollzug erfahren werden. Zeichen wollen als Hinweise auf eindeutige weltliche Realitäten erkannt und verstanden werden, sie sind Mittel für menschliche Kommunikation und schaffen Ordnung und Orientierung. Symbole sind vieldeutig, sie wollen erlebt, erfahren und gedeutet werden und entziehen sich einer rein funktionalen Verwendung.

Mit Leib und Seele

Voraussetzung für Symbole ist, dass die Beteiligten als jeweils ganzer Mensch mit Leib und Seele präsent sind, um etwa den Taufritus zu vollziehen und diesen als Symbol zu deuten und zu erleben. Der Körper des Getauften wird so zum Trägermedium, das Zeichen des Wassers wird von den Beteiligten als Symbol der Taufe und der Zugehörigkeit zu Christus erlebt. Symbole des Glaubens umfassen so den Menschen ganzheitlich mit Leib und Seele, wollen das Leben durchdringen und verlangen nach einer persönlichen (Re-)Aktion. Sich mit diesen Symbolen lediglich auf einer theoretischen Ebene auseinanderzusetzen, verfehlt ihren geistlichen Anspruch.

Der Taufritus (oder etwa die Aufnahme in einen Orden oder eine geistliche Gemeinschaft) ist von seiner Intention her verbindlich und dauerhaft. Die Zeichen von Wasser bei der Taufe, der Einsegnung unter Handauflegung oder die Einkleidung bei manchen Orden symbolisieren die Tiefendimension, die nun ein Leben lang das Leben einer konkreten Person transformieren kann. Vor dem Ritus liegt traditionell eine Schwellenzeit, wo der Aspirant innere Klarheit gewinnen kann, ob die dem Symbol inneliegende geistliche (Ver-)Bindung seiner inneren Haltung entspricht und er diesen lebensverändernden Schritt gehen will.

Heiligung

Um zu klären, was eine Tätowierung zu einem Glaubenszeugnis macht, hilft es, nochmals auf die biblische Aufforderung zur Heiligung einzugehen. Ein Aspekt der Heiligung ist es, sich in eine Glaubensgemeinschaft mit einer kollektiven Tradition einzufügen. Daher ist es folgerichtig, sich tradierte Zeichen wie Kreuz, Fisch oder Christusmonogramm stechen zu lassen, weil diese Zeichen in der christlichen Gemeinschaft als Bekenntnis verstanden werden und ihr Symbolgehalt allen zugänglich ist. Heiligung umfasst auch das Bekenntnis zu Christus. Der eigene Körper wird zum Trägermedium eines zeichenhaften Bekenntnisses, dem man sich »mit Haut und Haar« verschrieben hat. Ein innerliches Bekenntnis wird so verleiblicht und für die Umwelt sichtbar. Heiligung ist kein statischer Zustand des Habens, sondern ein Werden. Die Taufe ist die Schwelle, die mit der Absicht überschritten wird, den dahinterliegenden Glaubensweg ein Leben lang zu gehen. Das dem eintätowierten Zeichen inneliegende Symbol kann dem Träger helfen diesen Weg zu gehen. Aus Heiligung erwächst eine dauerhafte Bindung an Christus. Ein in die Haut gestochenes christliches

Aus Heiligung erwächst eine dauerhafte Bindung an Christus.

Foto: Rolf Gerlach

Zeichen zeigt, dass der Träger sich mit Christus verbunden hat. Und dies dauerhaft und unauslöschbar, denn anders als eine Halskette mit Kreuz kann eine Tätowierung nicht mal einfach so abgelegt werden.

Christian Schmidt, geb. 1967, lebt in Köln und arbeitet als Ingenieur bei einem Fernsehsender. Er ist Bruder im rheinisch-westfälischen Konvent der Evangelischen Michaelsbruderschaft.

Vernetzt – in Quellen aus der Kirchengeschichte

Ausgewählt und kommentiert von Heiko Wulfert

Der Rostocker Neutestamentler Eckart Reinmuth spricht in seiner Hermeneutik von der Weitergabe der Jesus-Christus-Geschichte in einem intensiven und vielfältigen Interpretationsprozess[1]. Dieser Prozess besteht in unterschiedlichsten Formen der Kommunikation, der freien Rede und der Kunstrede, literarischen Formen in Evangelien und Briefliteratur, in Worten, Bildern und Zeichen. Er bedarf der Vernetzung der Menschen untereinander, um lebendig zu bleiben. Die Kirche Jesu Christi war von Anfang an auf solche Formen der Vernetzung angewiesen, um ihre Einheit zu bewahren und ihre Botschaft an die Welt auszurichten. Das »Zeitalter der Kommunikation« bestand also hier von Anfang an.

Die Kirche Jesu Christi war von Anfang an auf solche Formen der Vernetzung angewiesen, um ihre Einheit zu bewahren und ihre Botschaft an die Welt auszurichten.

Gregor von Nazianz (329–390) wandte sich im Namen seines Vaters, Gregors des Älteren, an die Kirche von Caesarea und erstrebt eine enge Vernetzung der Bischöfe in Sachen der Lehre und der Gemeindeleitung. Diese Vernetzung war nur durch meist schriftliche Botschaften und beschwerliche Reisen zu erreichen. Der Brief Gregors von Nazianz gibt davon ein anschauliches Bild[2]:

Ich bin zwar ein unbedeutender Hirte, der Führer einer kleinen Herde und einer von den vielen unter den Dienern des Hl. Geistes, aber die Gnade ist ja nicht kleinlich und nicht räumlich begrenzt. So soll man also auch den Kleinen Redefreiheit gewähren, zumal, wenn es sich um gemeinsame und derart wichtige (Angelegenheiten) dreht, und Ratgebern dazu, die schon weit fortgeschrittenen Alters sind, das vielleicht mehr Weisheit besitzt als die Masse. Denn ihr beratet ja nicht über geringfügige und x-beliebige Dinge, sondern von ihnen wird, ob sie nun gut oder schlecht stehen, auch die Gemeinschaft zwangsweise die eine oder andere (Wirkung) abbekommen. Denn eure Beratung dreht sich um die Kirche, für die Christus gelitten hat, und um den, der sie Gott vorstellen [vgl. Eph. 5,27] und zuführen soll.

---

[1] Eckart Reinmuth, Hermeneutik des Neuen Testaments, Göttingen 2002.
[2] Gregor von Nazianz, Briefe (hg. Michael Wittig), Stuttgart 1981 (= Bibliothek der griechischen Literatur 13), 108 f.

»Die Leuchte des Körpers ist das Auge« [Mt. 6,22], wie wir gelernt haben, und zwar nicht nur das (Auge), das leiblich sieht und gesehen wird, sondern auch das, das geistig schaut und geschaut wird. Die Leuchte der Kirche aber ist der Bischof; das ist für Euch selbstverständlich, auch wenn wir es (Euch) nicht schreiben. Es ist eine Naturnotwendigkeit, daß, wenn das (Auge) klar ist, auch der Körper recht geführt wird, wenn es aber nicht klar ist, (der Körper) nicht recht (geführt wird). Genauso wird auch die Kirche durch ihren Vorsteher mit in Gefahr gebracht oder mit ihm gerettet, je nachdem er sich verhält. Man muss sich um jede Kirche sorgen wie um den Leib Christi [vgl. Kol. 1,24], am meisten aber um Eure, die von Anfang an die Mutter von fast allen Kirchen war, es jetzt noch ist und auch so angesehen wird, und auf die das ganze Volk schaut, wie ein um den Mittelpunkt gezogener Kreis, nicht nur wegen des rechten Glaubens, den sie von altersher allen gepredigt hat, sondern auch wegen der Gnade der Eintracht, die Gott ihr ganz offensichtlich gegeben hat. Weil ihr damals also auch uns zur diesbezüglichen Beratung berufen habt, was nach Recht und Gesetz ist, wir aber von Alter und Schwäche bedrängt werden, wäre es, wenn wir selbst kommen könnten und der Hl. Geist die Kraft (dazu) gäbe (denn nichts ist für die Gläubigen unmöglich), (so wäre dies) für die Gesamtheit besser und auch für uns angenehmer, damit wir auch für Euch etwas beisteuern und selbst an dem Segen teilhaben (würden); wenn aber die Krankheit die Oberhand behält, wollen wir (Euch) wenigstens helfen, soweit es Abwesenden möglich ist.

> *Genauso wird auch die Kirche durch ihren Vorsteher mit in Gefahr gebracht oder mit ihm gerettet, je nachdem er sich verhält.*

Bevor sich **Bonifatius** (673–754) auf den Weg zu einem Missionszug unter den Friesen aufmachte, bei dem er den Märtyrertod starb, vertraute er in einem Brief, den Fulrad von St. Denis, der Erzkaplan des Königs, an König Pippin überbrachte, sein Werk dem König an. Seine Worte lassen die entstehende Organisation der Reichskirche erkennen. Zugleich wird deutlich, wie der König als Garant und Schutzherr kirchlicher Ordnung erscheint[3]:

Grüße mit meinen Worten unseren glorreichen und liebenswürdigen König Pippin und sage ihm großen Dank für alle Taten der Güte, die er mir erwies, und berichte ihm, was mir und meinen Freunden als wahrscheinlich bald eintretend vor Augen steht. Es scheint, daß ich dies zeitliche Leben und den Lauf meiner Tage infolge meiner Hinfälligkeit bald beenden werde. Darum bitte ich die Hoheit unseres Königs im Namen Christi, des Sohnes Gottes, er möge, solange ich noch lebe, anzuzeigen und anzuordnen geruhen, was er

---

[3] Übers. aus M. Tang, Bonifatii Epistulae Nr. 93, in: MGH 1, Berlin 1916.

meinen Schülern später zukommen lassen will. Sie sind fast alle Heimatlose: die einen sind Priester, an vielen Orten zum Dienst der Kirche und der Völker bestimmt; andere leben in unseren Klöstern als Mönche, von denen einige noch in jugendlichem Alter stehen und in den Wissenschaften unterrichtet werden; wieder andere sind betagt und haben lange Zeit mit mir gelebt, mitgearbeitet und mir geholfen. Um sie alle bin ich besorgt, sie könnten nach meinem Tode zugrunde gehen. Möchten sie doch, von Eurer Fürsorge beraten, den Schutz Eurer Hoheit genießen, daß sie sich nicht zerstreuen wie Schafe, die keinen Hirten haben, und die Völker an der Heidengrenze das Gesetz Christi verlieren. Daher bitte ich die Milde Eurer Hoheit inständig im Namen Gottes, Ihr wollet meinen lieben Sohn und Chorbischof Lul, wenn Gott will und es Eurer Hoheit gefällt, in diesen Dienst der Völker und Kirchen einsetzen und ihn zum Prediger und Lehrer für Priester und Völker bestellen; und ich hoffe, dass, wenn es Gott gefällt, die Priester an ihm einen Meister, die Mönche einen regeltreuen Lehrer und die christlichen Völker einen frommen Prediger und Hirten haben. Meine Bitte ist darum so andringend, weil meine Priester an der Grenze der Heiden ein sehr ärmliches Leben führen. Brot zu essen, können sie sich noch verschaffen; aber Kleidung finden sie dort nicht, wenn ihnen nicht von anderswo Hilfe und Rat zukommt, daß sie an jenen Orten zum Dienst des Volkes bestehen und ausharren können – so wie ich sie unterstützt habe. Und wenn die Liebe Christi Euch dies eingibt und Ihr das, was ich bitte, billigt und ausführen wollt, so lasst es durch diese Boten anordnen und mitteilen oder gebt mir durch Schreiben Eurer Huld Nachricht, damit ich desto freudiger in Eurer Fürsorge lebe und sterbe.

Die von Bonifatius angestrebte Verbindung zwischen Königshaus und Kirche nutzte **Karl der Große** (747/48–814) auf seine eigene Weise. Er benutzte das Netzwerk der Kirche zur Stärkung seiner Macht. Er regierte mit der Kirche und in die Kirche hinein. Dies spricht auch aus seiner Ergebenheitsadresse an Papst Leo III.[4]:

Karl, von Gottes Gnaden König der Franken und der Langobarden sowie Schutzherr der Römer, wünscht dem Papst Leo das Heil ewiger Seligkeit in Christo. Als wir den Brief Eurer Hoheit gelesen und die Wahlurkunde angehört hatten, haben wir uns wahrlich sehr gefreut, sowohl über die Einmütigkeit der Wahl wie über Euren demütigen Gehorsam und das Treueversprechen an uns, wir dan-

---

[4] Ernst Staehelin, Die Verkündigung des Reiches Gottes in der Kirche Jesu Christi, Bd. 2, 1952, 168 f.

ken für alles aus innerstem Herzensdrang vielfältig der göttlichen Milde, weil sie uns, nachdem der Hingang unseres geliebten Vaters und Freundes in unserer Seele eine tränenvolle Schmerzenswunde geschlagen, an Euch nach der gewohnten Fürsorge seiner Güte solchen Trost zu schenken geruht hat. Wie ich mit dem hochseligen Vater, Euerem Vorgänger, einen Vertrag heiliger Vaterschaft eingegangen bin, so wünsche ich mit Eurer Seligkeit einen unverletzbaren Bund gleicher Treue und Liebe zu errichten, auf daß einerseits, indem die Gebete Eurer apostolischen Heiligkeit die göttliche Gnade herberufen, mich überall der apostolische Segen begleite, andererseits der hochheilige Stuhl der römischen Kirche mit Gottes Hilfe stets durch unsere Ergebenheit beschirmt werde. Unsere Sache ist es, gemäß dem Beistand der göttlichen Güte, von allen Seiten die heilige Kirche Christi gegen den Einbruch der Heiden und die Verheerung der Ungläubigen draußen mit Waffen zu verteidigen und drinnen durch Anerkennung des katholischen Glaubens zu festigen. Eure Sache, heiligster Vater, ist es, mit zu Gott erhobenen Händen gleich Mose uns im Kampf zu unterstützen[5], auf daß durch Eure Fürbitte unter der Führung und Leitung Gottes das christliche Volk über die Feinde seines heiligen Namens überall den Sieg gewinne und der Name unseres Herrn Jesus Christus in der ganzen Welt verherrlicht werde.

Die über Jahrhunderte reichende Zerstörung eines Netzes erscheint in den Worten der Bannbulle gegen den Patriarchen Michael Kerullarios von Konstantinopel (1054), durch die die Kirchengemeinschaft zwischen Westen und Osten aufgehoben wurde[6]:

Humbert, durch Gottes Gnade Kardinalbischof der Heiligen römischen Kirche, Petrus Erzbischof von Amalfi, Friedrich Kardinaldiakon und Kanzler, an alle Söhne der römischen Kirche:
Der heilige römische Stuhl, der vornehmste und apostolische, zu dem als zu ihrem Haupte die Sorge aller Gemeinden insbesondere gelangt, hat im Dienste des Friedens und der Wohlfahrt der Kirche geruht, uns als Botschafter an diese königliche Stadt zu entsenden. Wir sollten, so wie es geschrieben steht (1. Mo. 18,21), hinabgehen und nachsehen, ob das Geschrei begründet ist, das ohne Unterlass aus dieser großen Stadt zu seinen (des römischen Papstes) Ohren hinaufsteigt. Oder ob es nicht so sei, damit er es wisse. Deshalb mögen erfahren vor allem die glorreichen Kaiser,

---

[5]   2. Mo.17,8 ff.
[6]   Übers. nach Carl Mirbt, Quellen zur Geschichte des Papsttums, Tübingen ⁵1934, 139 f.

der Klerus, der Senat und das Volk dieser Stadt Konstantinopel sowie die ganze Katholische Kirche, daß wir hier erlebt haben ein großes Glück, worüber wir uns im Herrn lebhaft freuen, aber auch ein übergroßes Unglück, worüber wir schmerzlich betrübt sind. Denn was die Säulen des Kaisertums angeht, sowie die ehrenhaften und weisen Bürger der Stadt, ist es eine überaus christliche und rechtgläubige Bürgerschaft. Soweit es aber Michael angeht, der missbräuchlich Patriarch genannt wird, und die Anhänger und Gönner seiner Torheit, wird gar zu viel Unkraut der Ketzerei täglich inmitten dieser Bürgerschaft ausgesät … . Wegen all dieser Irrtümer und vieler anderer Vergehen wurde jener Michael in einer Botschaft unseres Herrn, des Papstes Leo, dringend vermahnt, hat es aber abgelehnt, Vernunft anzunehmen. Überdies hat er sich geweigert, uns, die Boten des Papstes, als wir die Ursachen so vieler Missstände mit Vernunft beseitigen wollten, zu empfangen und mit uns zu verhandeln. Und hat uns die Gotteshäuser zum Zelebrieren der Messe verweigert, wie er auch schon früher die Kirchen des lateinischen Kultus geschlossen hatte und die Lateiner, die er als Ketzer des ungesäuerten Brotes schalt, mit Taten und Worten überall verfolgt hatte. Das ging so weit, daß er in seinen Tochterkirchen den apostolischen Stuhl mit dem Bann belegte und diesem Stuhle zur Schmach sich den Titel Ökumenischer Patriarch beilegte. Wir aber können diese unerhörte Schmähung und Beleidigung des heiligen vornehmen apostolischen Stuhles nicht ertragen, und da wir feststellen müssen, daß der katholische Glaube auf vielfache Weise unterwühlt wird, so erheben wir unsere Stimmen im Namen der hocherhabenen Heiligen und unteilbaren Dreifaltigkeit und des apostolischen Stuhles, mit dessen Vertretung wir betraut sind, und aller rechtgläubigen Väter aus sieben Konzilien, sowie der gesamten katholischen Kirche; und den Bann, den unser hochwürdiger Herr, der Papst, über jenen Michael und seine Gefolgsleute, falls sie nicht zu Vernunft kommen würden, ausgesprochen hat, den besiegeln wir folgendermaßen: Michael, nur durch Missbrauch Patriarch, in Wirklichkeit ein Neuling, der das Kleid eines Mönches nur durch menschliche Furcht bekommen hat, jetzt auch durch viele schlimmste Verbrechen geschändet, … und alle ihre Gefolgsleute, die in denselben irrigen Vorstellungen befangen sind, sie seien verflucht mit allen Ketzern, ja mit dem Teufel und seinen Engeln, falls sie nicht etwa Vernunft annehmen sollten. Amen, Amen, Amen.

Die Organisation der aus der Reformation hervorgegangen jungen Kirche machte eine Vernetzung der Gemeinden und Institutionen nötig. Eine Visitation musste die Verhältnisse klären. Der im März

1528 in Wittenberg erschienene »Unterricht der Visitatoren« von Philipp Melanchthon zieht Konsequenzen aus der unter dem Landesfürsten, Johann dem Beständigen, durchgeführten Visitation und erstellt damit eine für das ganze Land verbindliche Kirchenordnung, die das Prinzip des landesherrlichen Kirchenregimentes festschreibt[7]:

Was für ein göttliches, heilsames Werk es sei, die Pfarren und christlichen Gemeinden durch verständige und geeignete Leute besuchen zu lassen, das lehren uns zur Genüge Altes und Neues Testament. ... Auch die Väter der alten Kirche, die heiligen Bischöfe haben diesen Brauch fleißig geübt, und viel davon findet sich auch noch in den päpstlichen Gesetzen. Denn aus diesem Besuchsamt leitet sich ursprünglich das Amt der Bischöfe und Erzbischöfe her. Eigentlich nämlich heißt »Bischof« »Aufseher« oder »Visitator«, und ein Erzbischof ist ein Aufseher oder Visitator wieder über sie. Denn jeder Pfarrer soll seine Pfarrkinder besuchen, pflegen und beaufsichtigen, wie sie leben und lehren, und der Erzbischof soll die Bischöfe besuchen, pflegen und ihre Lehre beaufsichtigen. [...]

So hätten wir, wo jetzt das Evangelium durch unaussprechliche Gnade Gottes wieder zu uns gekommen, ja vielleicht zum erstenmal recht aufgegangen ist und wir dadurch gesehen haben, wie elend die Christenheit verwirrt, zerstreut und zerrissen ist, dieses rechte bischöfliche Besuchsamt, weil es höchst nötig ist, gern wieder eingerichtet gesehen. Aber weil von uns keiner dazu berufen war oder gewissen Auftrag hatte und Sankt Petrus in der Christenheit nichts geschaffen wissen will, man sei denn gewiß, es sei Gottes Geschäft, so hat keiner vor dem anderen es wagen dürfen zu unternehmen. Da haben wir den sichersten Weg gehen wollen, haben uns an das allen Christen gemeinsam übertragene Amt der Liebe gehalten und haben uns demütig mit Bitten gewandt an den durchlauchtigsten hochgeborenen Fürsten und Herrn Johann, Herzog zu Sachsen und Kurfürst, als an den Landesherrn und unsere gewisse, von Gott verordnete weltliche Obrigkeit. Wir haben gebeten, daß Seine Kurfürstliche Gnaden aus christlicher Liebe – denn als weltliche Obrigkeit ist sie nicht dazu verpflichtet – und um Gottes willen, dem Evangelium zu Liebe und den armen Christen in Seiner Kurfürstlichen Gnaden Landen zu Nutzen und Heil einige tüchtige Männer zu solchem Amt gnädiglich verordnen möchten. Das haben denn Seine Kurfürstlichen Gnaden auch gnädiglich zu Gottes Wohlgefallen getan. ...

Was für ein göttliches, heilsames Werk es sei, die Pfarren und christlichen Gemeinden durch verständige und geeignete Leute besuchen zu lassen, das lehren uns zur Genüge Altes und Neues Testament.

---

[7] Philipp Melanchthon, Der Unterricht der Visitatoren (1528), hg. Hans Lietzmann, Bonn 1912.

Falls aber einige sich mutwillig widersetzen und ohne guten Grund etwas Besonderes für sich haben wollen – und man findet viel solcher wilden Köpfe, die eigensinnigen Herzens aus lauter Bosheit etwas Gemeinsames und Gleiches nicht ertragen können –, so müssen wir sie, wie die Spreu von der Tenne, sich von uns trennen lassen und dürfen um ihretwillen unser Gemeinsames nicht aufgeben. Auch hierzu aber wollen wir unseres gnädigsten Herrn Rat und Hilfe erbitten. Denn obwohl es Seiner Kurfürstlichen Gnaden nicht aufgetragen ist, zu lehren und geistlich zu regieren, so sind sie doch als weltliche Obrigkeit verpflichtet, darauf zu sehen, daß nicht Zwietracht und Aufruhr sich unter den Untertanen erhebe.

Aus der seit 1780 bestehenden Christentumsgesellschaft in Basel entstand 1815 die Basler Mission. In der Zusammenarbeit von reformierten Schweizern und lutherischen Württembergern auf anglikanischen Missionsfeldern wurde ein wichtiger Meilenstein für die ökumenische Bewegung gelegt. Das Comitee der neu errichteten Missions-Anstalt berichtet in der Gründungsurkunde:

> *In der Zusammenarbeit von reformierten Schweizern und lutherischen Württembergern auf anglikanischen Missionsfeldern wurde ein wichtiger Meilenstein für die ökumenische Bewegung gelegt.*

… Mit dankbarem Erstaunen nehmen wir das große Wunder gewahr, das uns in der Sache der Bibelverbreitung vor die Augen gelegt wird. Ein noch nie auf der Erde geschehener Gemeingeist ergießt sich in allen Weltteilen unter allen Ständen vom Höchsten bis zum Niedrigsten, um diese heilige Urkunde, diese Zeugin Gottes, die lange Zeit im Verborgenen geweissagt hat, unter allen Völkern zu verbreiten. Ebenso regt sich ein ungewöhnliches Verlangen unter dem Israelitischen Volke, selbst unter Türken und Heiden nach dem Worte Gottes. Und dies sind doch unverkennbare Winke unseres Herrn für seine Verehrer, daß Er ein Feuer anzünden will, wovon Er bei seinem Wandel auf der Erde wünschte, es brenne schon; es sind übergenügende Beweise, daß Er sich als der gewaltige Durchbrecher offenbaren will.

Zu der Verbreitung des göttlichen Worts unter den Heiden bedarf es aber auch der Boten, durch deren Mund den fernen Völkern das Evangelium von Christo noch mehr ans Herz gelegt wird. Wir haben schon lange mit dankbarer Bewunderung gesehen, welchen gesegneten Erfolg die bisherigen Missions-Anstalten für den großen Zweck der Heidenbekehrung gehabt haben; aber soviel auch schon dafür getan ist, so ist doch verhältnismäßig noch wenig geschehen. Wenn wir annehmen dürfen, daß es noch über 500 Millionen Heiden in den verschiedenen Weltteilen gibt, denen das Evangelium noch nicht hat verkündigt werden können, was sind dagegen 500 Missionäre, die man gegenwärtig rechnet, daß sie in diesem Weinberge arbeiten! …

Der preußische **König Friedrich Wilhelm III.** (1770–1840) wollte die konfessionelle Verschiedenheit zwischen dem reformierten Herrscherhaus und den mehrheitlich lutherischen Untertanen überwinden, indem er zur Union der Konfessionen aufrief. Die kirchenrechtliche Voraussetzung sieht der König dazu in seinem Summepiskopat gegeben und zählt dazu auch das liturgische Recht als äußeres Ordnungsrecht, was zum Agendenstreit führte. Sein Aufruf zur Union erging am 27. September 1817:[8]

Schon meine, in Gott ruhende erleuchtete Vorfahren, der Kurfürst Johann Sigismund, der Kurfürst Georg Wilhelm, der große Kurfürst, König Friedrich I. und König Friedrich Wilhelm I. haben, wie die Geschichte ihrer Regierung und ihres Lebens beweiset, mit frommem Eifer es sich angelegen sein lassen, die beiden getrennten protestantischen Kirchen, die reformierte und lutherische, zu einer evangelisch-christlichen in ihrem Lande zu vereinigen. Ihr Andenken und ihre heilsame Absicht ehrend, schließe Ich mich gerne an Sie an und wünsche ein Gott gefälliges Werk, welches in dem damaligen unglücklichen Sektengeiste unüberwindliche Schwierigkeiten fand, unter dem Einflusse eines besseren Geistes, welcher das Außerwesentliche beseitiget und die Hauptsache im Christentum, worin beide Konfessionen eins sind, festhält, zur Ehre Gottes und zum Heil der christlichen Kirche, in Meinen Staaten zu Stande gebracht und bei der bevorstehenden Säkular-Feier der Reformation damit den Anfang gemacht zu sehen! Eine solche wahrhaft religiöse Vereinigung der beiden, nur noch durch äußere Unterschiede getrennten protestantischen Kirchen ist den großen Zwecken des Protestantismus gemäß; sie entspricht den ersten Absichten der Reformatoren; sie liegt im Geiste des Protestantismus; sie befördert den kirchlichen Sinn; sie ist heilsam der häuslichen Frömmigkeit; sie wird die Quelle vieler nützlichen, oft nur durch den Unterschied der Konfessionen bisher gehemmten Verbesserungen in Kirchen und Schulen.
Dieser heilsamen, schon so lange und auch jetzt wieder so laut gewünschten und so oft vergeblich versuchten Vereinigung, in welcher die reformierte Kirche nicht zur lutherischen und diese nicht zu jener übergeht, sondern beide Eine neue belebte, evangelisch-christliche Kirche im Geiste ihres heiligen Stifters werden, steht kein in der Natur der Sache liegendes Hindernis mehr entgegen, sobald beide Teile nur ernstlich und redlich in wahrhaft christlichem Sinne sein wollen, und von diesem erzeugt, würde sie würdig den Dank aussprechen, welchen wir der göttlichen Vor-

---

[8] Walter Elliger, Die Evangelische Kirche der Union, 1967, 195 f.

sehung für den unschätzbaren Segen der Reformation schuldig sind, und das Andenken ihrer großen Stifter, in der Fortsetzung ihres unsterblichen Werkes, durch die Tat ehren. ...

Willem A. Visser't Hooft (1900–1985) beschreibt in seiner berühmten Autobiographie »Die Welt war meine Gemeinde« die Bemühungen um die Entstehung des späteren Ökumenischen Rates der Kirchen. In seinem Bericht über den Zeitraum zu Beginn der dreißiger Jahre spürt man die vielfältigen Bemühungen, die nötig waren, das Netzwerk der Ökumene aufzubauen[9]:

Zu Beginn der dreißiger Jahre war die Ökumenische Bewegung ins Stocken geraten. Söderblom und Brent waren gestorben, und ihre Nachfolger hatten die Situation noch nicht im Griff. Nach dem Börsenkrach war für die verschiedenen Sekretariate auch zu wenig Geld da.
Zu den äußeren gesellten sich tieferliegende Gründe. Erstens war der ökumenische Gedanke in den Kirchen noch nicht eingewurzelt. Sie waren zwar um Beteiligung an den großen Konferenzen gebeten worden, nicht jedoch um Übernahme von Verantwortung für die Weiterentwicklung einer Bewegung, die sie letztlich selbst kontrollieren würden. Zweitens gab es viel zu viele ökumenische Organisationen. ...
Irgendeine Art von Integrierung musste erfolgen, soviel war deutlich. ... Aber das war leichter gesagt als getan. Jede der vier Bewegungen – Weltmissionsrat, Praktisches Christentum, Glaube und Kirchenverfassung, der Weltbund für Freundschaftsarbeit der Kirchen – besaß ihr eigenes Ethos und ihre eigenen Ziele, und jede besaß außerdem ihre eigenen fixen Ideen und ihre eigene »Unentwegten«. Es war schon zu Reibungen gekommen. ... Bestand irgendeine Möglichkeit, eine Ökumenische Bewegung zu schaffen, die die Einheit manifestierte und nicht die Uneinigkeit? Die Mehrzahl der führenden Männer in den einzelnen Bewegungen dachte nicht parteiisch, sondern wahrhaft ökumenisch – das war ein sehr positiver Umstand.
1933 machte Professor William Adams Brown aus den vereinigten Staaten während eines Europäischen Jahres Erzbischof Temple den sehr vernünftigen Vorschlag, die Verantwortlichen aus den verschiedenen Bewegungen zusammenzubringen, damit sie gemeinsam überlegten, wie in das ökumenische Durcheinander Ordnung zu bringen sei. Wir trafen uns zu zehnt in Bishopthorpe, Temples Residenz. ... In der völlig zwanglosen, unklerikalen Atmosphäre,

---

9   Willem A. Visser't Hooft, Die Welt war meine Gemeinde, München 1972, 98 ff.

die der Erzbischof und Mrs. Temple zu schaffen verstanden, bei den amüsanten Geschichten, die die Teilnehmer einander erzählten – unterbrochen von Temples einmaligem, krähendem Lachen –, wuchsen wir zu einer Gemeinschaft mit dem Ziel zusammen, der Ökumenischen Bewegung ein wirklich ökumenisches Format zu geben, ohne uns jedoch damals schon auf einen genauen Plan festzulegen. Aber zwei Jahre später wurde unsere bis dahin inoffizielle Gruppe offiziell anerkannt und beauftragt, 1937 in Oxford und Edinburgh Vorschläge über die künftige Gestaltung der Ökumenischen Bewegung vorzulegen. [...]

Landesbischof Hanns Lilje (1899–1977) sprach bei der Eröffnung des Kirchlichen Rundfunkstudios in Bethel im Jahr 1951 über das Geheimnis des Mikrophons. Offensichtlich war es nötig, theologischen Bedenken zu begegnen, denen die Übermittlung theologischer Gedanken durch das Medium des Rundfunks als unpersönlich und daher unzulässig erschien[10]:

Es ist eine geheimnisvolle Sache um das Mikrophon, und zwar in zweierlei Richtung. Zunächst sollte man allen, die diesem Mittel mit halbem Herzen und unentschlossen, ja mit einem theologischen Vorbehalt gegenüberstehen, sagen, daß sie irren. Denn das Instrument des Mikrophons, das zunächst eben nichts weiter als ein Instrument ist, schafft der Kirche die Möglichkeit, ihren Dienst im Massenzeitalter mit etwas weniger Betroffenheit und Lähmung

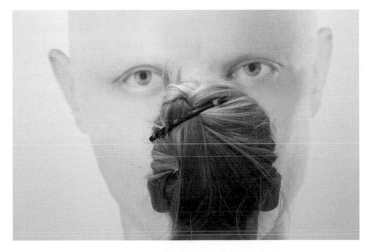

Foto: Rolf Gerlach

---

[10]   Evangelische Welt 1951, 50.

> *Das Evangelium kann aber nicht an Massen ausgerichtet werden; es muss vielmehr, wie wir alle wissen, mindestens dazu führen, daß aus der Masse Einzelne werden.*

auszurichten, als es sonst der Fall wäre. Wenn wir im Massenzeitalter leben, dann sind wir auch den Massen das Evangelium schuldig. Das Evangelium kann aber nicht an Massen ausgerichtet werden; es muss vielmehr, wie wir alle wissen, mindestens dazu führen, daß aus der Masse Einzelne werden. Das Mikrophon kann den erstaunlichen Vorgang herbeiführen, aus Millionen von Hörern Einzelne zu machen. Mit seiner Hilfe werden Millionen tatsächlich als Einzelne angeredet; und das ist eine so gute Sache für die Ausrichtung des Evangeliums, daß wir langweilige Gesellen wären, wenn wir uns nicht über diese von Gott geschenkte Möglichkeit freuen würden, an Millionen das Evangelium so ausrichten zu können, daß wir den Einzelnen dabei anreden. Es handelt sich hier um einen so tiefsinnigen Vorgang, daß man Hamann und alle guten Geister der Philosophie des Wortes zu Hilfe nehmen müsste, um das, was ich hier angedeutet habe, zu Ende zu denken.

Das andere, was mit dem Mikrophon zusammenhängt, ist das wunderbare Geheimnis, daß Gott der menschlichen Stimme Macht verliehen hat. Wir kennen sie entweder als leere und langweilige Stimme, die unverbindliche Dinge an unser Ohr dringen lässt, oder aber wir kennen sie aus dem Mikrophon als die Stimme des Hasses und der Hetze und der politisch vergifteten Propaganda. Es ist nicht einzusehen, warum die menschliche Stimme über das Mikrophon nicht auch einmal tröstlich, gütig, vertrauenerweckend, die Kraft und den Trost des Evangeliums vermittelnd, wirksam werden sollte. Freilich, damit stehen sowohl die Theologie als auch die Kirchen, die sich dieses Instruments bedienen, vor einer ernsten Selbstbesinnung; denn um das geschehen zu lassen, muss wirklich persönlich gesprochen werden. ...

Hinzu kommt eine ganz einfache Tatsache, die in der Christenheit immer bekannt gewesen ist und über die etwa Hilty in seiner wunderbaren Rede über das Reden Großartiges gesagt hat: die Erfahrung nämlich, daß man auch etwas auf dem Herzen haben muss, wenn die Stimme das Herz des Anderen erreichen soll. Wenn das der Fall ist, wenn ein Mensch da ist, dem ein Anliegen und ein Auftrag auf dem Herzen brennen, dann kann er sich dieses Auftrages fast ohne methodische Erwägungen entledigen. Geht es uns um die Sache Christi, brennt uns diese wirklich auf dem Herzen, dann wäre es sonderbar, wenn das nicht der Stimme eine neue Gewalt der Überzeugung verleihen würde.

Dr. Heiko Wulfert, geb. 1960, ist Pfarrer in Aarbergen-Kettenbach, Ältester im Konvent Hessen der Ev. Michaelsbruderschaft und Sekretär der EMB für Theologie und Ökumene.

Predigt zum Michaelsfest 2021 der Gemeinschaft St. Michael Konvent Norden

von Wilgard Hartung

Die 72 Jünger kehrten zurück und berichteten voller Freude: »Herr, sogar die Dämonen gehorchen uns, wenn wir uns auf deinen Namen berufen.« Jesus sagte zu ihnen: »Ich sah den Satan wie einen Blitz vom Himmel hinabstürzen. Ich habe euch die Vollmacht gegeben, auf Schlangen und Skorpione zu treten. Die ganze Macht des Feindes könnt ihr überwinden! Nichts, aber auch gar nichts davon kann euch etwas anhaben. Aber ihr sollt euch nicht darüber freuen, dass euch die Geister gehorchen. Freut euch vielmehr darüber, dass eure Namen im Himmel aufgeschrieben sind.«

Lukas 10,17–20

Liebe Brüder und Schwestern!

Sie sind zu Fuß gegangen. Esel oder Pferd waren für sie nicht vorgesehen. Sie mussten gehen, Schritt für Schritt mit staubigen Füßen in abgetretenen Sandalen. So ist es bis heute beim Fußvolk üblich: Wandernde, Pilgernde, alle, die marschieren oder fliehen. Fußvolk, das sind nicht die an der Spitze, das sind die, die auf einem langen Marsch sind, hin bis zum Ziel. Und so kamen sie damals heim, zu zweien, in kleinen Gruppen oder allein. Sie berichten, sie haben die Mühen bestanden. Sie sind voller Freude und auch ein bisschen stolz.

Und ist das nicht eine gute, wärmende Freude? So, wie wir sie auch fühlen mögen nach einer Vesper, einer Komplet, einem Gottesdienst. Und wie schön ist es, in Worten und Liedern eine Strecke Wegs mit denen gegangen zu sein, die schon lange vor uns diese Worte und Lieder sangen und sagten. Fußvolk unterwegs – sie und wir, eine sehr lange Reihe ganz unterschiedlicher Menschen. Finden wir unseren Platz in dieser langen Reihe, fühlen wir uns als Teil dieses Fußvolkes. Sehen wir, was sie sehen, erfahren wir, was sie erfahren, fürchten wir, was sie fürchten.

Sie fürchten Dämonen. Heute würde es wohl Monster heißen. Für die Zweiundsiebzig ist die Furcht vor diesen Monstern ganz real. Ihre Dämonen haben Namen, Angstnamen. Auch heute, im September 2021 haben wir Namen für Dämonen, haben Bilder im Kopf, die zu diesen Monstern gehören. Von Otto Dibelius, der nach

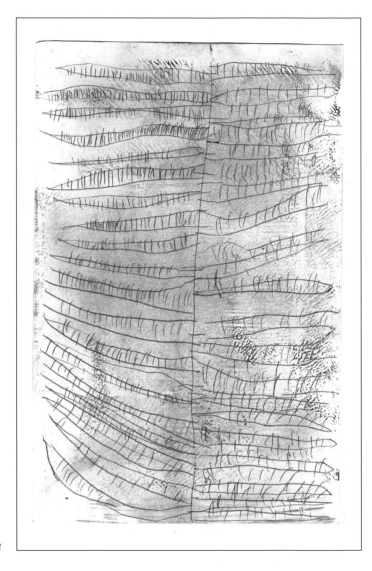

Foto: Rolf Gerlach

dem Ende der Hitlerdiktatur viele Vortragsreisen unternahm, ist der Ausspruch überliefert: »Wir haben Dämonen ins Auge gesehen«. Karl Barth soll darauf geantwortet haben: »Und, haben sie sich gefürchtet, die Dämonen?« Nein, sie haben sich nicht gefürchtet. Sie fürchten sich auch heute nicht. Im Gegenteil, sie haben das Leben fest im Griff: Als Epidemie, als Ruin der Existenz, als Wasserflut oder Feuersturm, als Flucht vor Gewalt, als großen Umbruch im Leben, bedrohlich und tödlich. Und nur zu oft öffnen Unverstand und Gleichgültigkeit Dämonen die Tür.

Was setzt man dagegen? Heute, morgen? Ist es doch diese Hilflosigkeit, ja, diese Angst, die auf der Lauer liegt, unter der Menschen in dieser Corona-Zeit leiden. Man möchte ja gerne helfen, das zeigten die Helfer in der großen Flut. Aber wie geht man im gewöhnlichen Alltag mit dem Nächsten um? In der Bahn, beim Einkaufen? Abstand halten, es muss sein. Aber wir haben zu lange auf Egoismus trainiert, sind unsicher geworden. Wir möchten zurück in eine Welt, wie sie einmal war und finden sie nicht mehr. Wie geht man mit Dämonen um?

Endzeit – Dämonenzeit – Zeit der Angst: Es ist nie allein die Dämonenzeit, sondern auch immer die Zeit Gottes. Diese Geschichte aus dem Lukasevangelium weist die lange Reihe Fußvolk hin auf die Gotteszeit. Es ist eine knappe, ja, radikale Aussage Jesu, von der unser Text berichtet. »Ich sah!« Das klingt wie eine Zeugenaussage. Und das ist es auch. Weit zurück nimmt Jesus mit diesen Worten seine Zuhörer, hin zum Anbeginn der Schöpfung, als die Schöpfermacht Gottes das Chaos ordnete und Leben schuf: Ein einmaliges Geschehen, gültig für alle Zeit, unwiderruflich. »Ich sah den Satan herabstürzen«. Das kann nicht rückgängig gemacht werden. Und eine Vollmacht wird ausgesprochen, eine Vollmacht von Anbeginn an: Erst kommt ihr, mein Fußvolk, und dann erst die Dämonen und was ihnen folgt. Bei den Monstern und Dämonen aller Zeiten hat Gott im Umgang mit ihnen immer noch eine Möglichkeit mehr. Die sichtbare Wirklichkeit hat sich erweitert, sie hat eine neue Dimension, einen zusätzlichen Platz bekommen. Eigene Angst und eigener Schrecken können dort hingelegt werden. Eine Freistatt tut sich auf. Menschen erfahren, wie ihnen aus dem, was sie fürchteten, diesen Dämonen »Angst und Hilflosigkeit«, nun neue Kraftquellen wachsen.

Wie gehen wir, wie geht unsere Kirche mit diesen Möglichkeiten Gottes um? Wie zeigen wir außerhalb unserer Gemeinschaft auf, worauf es ankommt? Die Wirklichkeit Gottes, der Name Gottes, eine leere Formel? Es gibt sie für so viele Menschen, die Dämonen, den großen Schrecken, die große Angst. Und es gibt den oft wortlosen Ruf nach Hilfe, hin zu einer Macht, die man sich nicht traut, »Gott« zu nennen. Ich denke da an den Mann aus dem Flutkatastrophengebiet: Vor laufender Kamera erklärt er verzweifelt dem Notfallseelsorger, der vor ihm steht: Noch einmal will er durch das Fenster seines Hauses sehen, von dem nur noch eine Wand steht. Doch er und sein Gegenüber finden keine gemeinsame Sprache. Und diese gemeinsame Sprache ist wichtig, denn sie holt die Gotteszeit hinein in den Menschenalltag.

Es ist nie allein die Dämonenzeit, sondern auch immer die Zeit Gottes.

Jesus sagt: Ich habe euch Vollmacht gegeben. Und wir – das Fußvolk – muss es tief im Herzen fassen, wer das ist, der da spricht. Wer das ist, der den Sturm stillt, die Dämonen vertreibt, redet und handelt im Namen des Schöpfergottes von Anfang aller Zeit an. Als aus dem Chaos »Nichts-ist-da« ein »Er-sah-dass-es-gut-war« wurde. Als aus der lebendigen Kraft des Gottesnamen eine lebendige Wirklichkeit für das Leben wurde. Diesem Namen gehen wir hinterher, hier an dem tröstlichen Ort der Geschwisterschaft, wie auch draußen an unserem Platz im Leben. Es kommt nicht mehr auf den Oberdämon an, auf Luzifer, den vom Himmel Gefallenen. Der Blick in den Himmel ist uns unverstellt, so, wie es Jesus sagt. Wir haben Bürgerrecht im Himmel durch Gottes endgültige Entscheidung zur Liebe, die Satan, Monster, Dämonen entthronte. Und das – so sagt Jesus – macht froh.

Wir haben Bürgerrecht im Himmel durch Gottes endgültige Entscheidung zur Liebe, die Satan, Monster, Dämonen entthronte.

Darüber muss geredet werden, mit einfachen Worten oder auch ohne Worte. Dem Mann im Flutkatastrophengebiet kann gesagt werden: »Kommen Sie, wir reden mit dem Einsatzleiter. Vielleicht können Sie Ihr zerstörtes Haus und das Fenster noch einmal von weitem sehen. Das wird schwer werden, ich bleibe bei Ihnen.«

Es ist schwer, Dämonen ins Auge zu sehen. Es sind so viele, sie kommen von allen Seiten. Darum: Geben wir ihnen nicht noch mehr Macht, als sie schon haben. Stehen wir zusammen, wie gutes Fußvolk das tun kann. Auch Dämonen sind auf freie Plätze angewiesen. Von den Zweiundsiebzig damals sind nicht alle bis zum Schluss geblieben. Aber es gab eine Gruppe hier, eine Gemeinde da. Warum sollte das heute anders sein?

Mir gefiel, was Walter J. Hollenweger auf einem Seminar hier auf dem Kirchberg sagte: »Der Satan? Ein armer Frosch!« Mit Humor oder im bitteren Ernst: Es gilt heute wie bei den Zweiundsiebzig damals: Im Namen Gottes! Die Sprache mag sich ändern – analog, digital – Vertrautes mag in Vergessenheit geraten, aber Neues kommt hinzu. Wichtig allein ist: Gott hat immer noch eine Möglichkeit mehr. Manchmal braucht er uns als Hilfe dazu. Oft genügt im Alltag dafür ein offenes Ohr, ein stärkendes Wort, eine helfende Hand. Denn wir stehen auf gutem Boden und unser Blick in den Himmel darf unverstellt sein. Wir sind kein anonymes Gefolge zu Fuß, sondern gekannt, geliebt, geleitet.

Freuen wir uns also, wir das Fußvolk, unsere Namen sind im Himmel geschrieben.

AMEN

Wilgard Hartung ist Erzieherin und Prädikantin in der Ev. Kirche im Rheinland, sie lebt in Haan und ist Schwester im Nordkonvent der Gemeinschaft St. Michael.

Bücher

Caritas Führer, *Fixateur Externe oder die Entdeckung des Erdsterns. Erzählung*, Dresden: Typostudio SchumacherGebler, edition petit 2022, 160 S., 18 Euro, ISBN 978-3-941209-2.

Der Unfall beim Fußballspiel mit dem Enkel neun Stunden Bahnfahrt von zu Hause entfernt, ein komplizierter Beinbruch, eine noch kompliziertere Operation mit Spinalanästhesie und der Angst, danach gelähmt zu sein – so unheilschwanger beginnt die Erzählung der Autorin Caritas Führer, die mit Lyrik und Prosa und vor allem mit dem Roman »Die Montagsangst« vor 20 Jahren bekannt wurde.

Angst ist auch in der neuen Erzählung ein Thema: Angst der Protagonistin Fanny davor, dass die Knochen nicht wieder richtig zusammenwachsen; Angst, nicht aus der Narkose zu erwachen; Angst vor den weiteren nötigen Operationen am Bein, welches sich wie ein Fremdkörper anfühlt und aus dem Eisenteile ragen: Fixateur externe.

Bangen und Hoffen wechseln, bekommt Fanny doch Fürsorge, Zuspruch, Trost vom Klinikpersonal, von Besuchern, aus Briefen, bei Anrufen. Studentinnen interessieren sich für den Krankheitsverlauf: »Ein winziger Nützlichkeitsfaktor ist das, den sie dringend nötig hat.«

Fanny, verheiratet mit dem Pfarrer Niklas, dem sie in der Gemeindearbeit zur Seite steht, wird aus allem Engagement gerissen, fühlt sich ausgeliefert – hat nur noch Kraft für sich selbst, beispielsweise um die Abscheu gegenüber der Mitpatientin zu überwinden oder um sich abzugrenzen von der »Munterkeit der Therapeutin« – immer bemüht »innerlich nicht abzurutschen«. Sie macht die »traumatische Erfahrung«, beschädigt, eingeschränkt, behindert, versehrt zu sein. Krank? Fanny denkt über diese Begriffe nach; sie fragt sich, ob wohl jede Verletzung eine »geheime Ursache« habe, tiefliegende Zweifel, unbeantwortete Fragen, eine Beunruhigung, ein Warnsignal offenbare. Sie findet einen anderen, vielleicht naiveren, Zugang zum Glauben an einen Gott, den »allerobersten Chefarzt«, »der ihr zublinzelt«, den man darum bitten darf, dass die Ärzte auch ja alle Schrauben wieder aus dem Bein herauskriegen. Statt wie im Psalm mit der Seele, redet sie mit dem Bein. Es wird personifiziert, es leistet etwas, »erledigt jede Menge Arbeit«, beschwert sich aber auch über das Eingepresst-Sein im Stützstiefel, der Orthese, »ohne Luft zum Atmen«; das Bein ist »tapfer«.

Welches Gefühl, zum ersten Mal wieder freihändig zu laufen! Die Verletzungen wurden leichter wahrgenommen als sie noch mit Gehhilfe ging. Das Loslassen begreift Fanny als »neue Lebensphase.« Sie erlebt weiterhin Fortschritte und Rückschritte; und als wäre die Prüfung nicht groß genug, fällt sie zusammen mit weiteren Umbrüchen und Neuanfängen: Niklas geht in den Vorruhestand. Sie ziehen aus dem idyllischen dörflichen Pfarrhaus in eine kleinere Stadtwohnung. Die Klimaveränderungen erschrecken nicht weniger als die Pandemie; deretwegen alles ausfällt: Buchmesse, Theater, Kino, Gottesdienste. Eine Ausgangssperre wird verhängt; kann die Physiotherapeutin kommen? Was wird aus dem Röntgentermin?

Privates und Globales wird gleichzeitig und mehrschichtig geschildert; und poetisch, denn am Schluss leuchtet noch ein Erdstern – ein seltener Pilz mit rätselhafter Symbolik. Bei aller Schwere und oft fehlender Zuversicht, ist diese Geschichte leicht und mit wohltuendem, Abstand schaffendem Humor geschrieben. Etwa wenn Fanny sich fragt, »ob Chirurgen eine Art Stickkurs belegen müssen, bevor sie die Nadel ins Fleisch stechen dürfen?«

Den Krankheitsverlauf erlebt Fanny wie eine Läuterung – auch dankbar, weil sie erkennt, dass ein Gemeinschaftsgefühl, welches sie in der Gesellschaft mit gestiftet und gestaltet hat, auf sie zurückwirkt, Genesung befördert, neue Kraft verleiht.

Christoph Kuhn

Ulrich Barth, Symbole des Christentums. Berliner Dogmatikvorlesung, hg. v. Friedemann Steck, Tübingen: Mohr-Siebeck 2021, 591 S., 49 Euro, ISBN 978-3-161-60882-7.

Wer Ulrich Barth, Jahrgang 1945 und emeritierter Professor für Dogmatik und Religionsphilosophie an der Universität Halle-Wittenberg, schon vor Erscheinen seiner Dogmatik kannte, dann entweder als engagierten Hochschullehrer oder als Autor von vier Aufsatzbänden mit vorrangig religionstheoretischen, philosophie- und theologiegeschichtlichen Studien (v. a. Luther, Kant, Schleiermacher, Aufklärungstheologie, neuprotestantische Tradition). Im Kern geht es ihm um das Konzept eines aufgeklärten Protestantismus und um dessen historische und begriffliche Fassung. Methodisch bestechen die Aufsätze durch ihren problemgeschichtlichen Ansatz: Wann wurde ein auch gegenwärtig noch virulentes theologisches Problem von wem, wie und mit welchem noch heute gültigen oder wenigstens relevanten Diskursbeitrag bearbeitet? Wer den Ansatz, also insbesondere die Prolegomena, vorliegender Dogmatik in ihrer Tiefe erfassen möchte, sei auf diese Bände verwiesen.

Die nun beim Verlag Mohr Siebeck seit November 2021 vorliegende Glaubenslehre basiert auf seinen seit den 1990er Jahren und zuletzt an der Berliner Universität gehaltenen Dogmatikvorlesungen, deren Lücken der Autor u. a. mit andernorts erschienenen oder neuen Texten geschlossen hat. Auf angenehme Weise wurde der Vorlesungsduktus beibehalten, verständlich und mit bisweilen erfrischender Prägnanz und Provokanz: »Forciertes Anempfinden und dogmatisches Durchboxen helfen auch nicht weiter.« (525) Dieser Appell im Zusammenhang seiner Osterdeutung kann als Motto des gesamten Projektes gelten.

Das Programm wird in den Prolegomena im Abschnitt »Heutige Aufgaben und Wege« entfaltet. Hier sollte die Lektüre einsetzen. Die wichtigsten Aspekte sind folgende:

Interdisziplinäre Öffnung: Auf Religion und Christentum in der Moderne hat die evangelische Theologie kein Monopol mehr. Daher sind kulturwissenschaftliche, erkenntnis- und wissenschaftstheoretische, soziologisch-religionssoziologische und religionswissenschaftliche Deutungsperspektiven, Theorien und Erkenntnisse einzubeziehen.

Religion als Form der Selbstreflexion des menschlichen Lebens: Religion bildet eine je eigene Selbst- und Weltdeutung vor dem Horizont einer Idee des Unbedingten. Diese Deutung erfolgt jedoch nicht im unhistorischen Raum, sondern im Kontext einer bestimmten Religionskultur.

Symbole des Christentums: Bei den zentralen Gehalten des Christentums handelt es sich um Symbole, weil die gedankliche Erfassung religiöser Deutung zugleich darum weiß, dass es sich um eine nur uneigentliche Darstellung des Undarstellbaren handelt. »Wenn es uns nicht gelingt, die großen Symbole der Bibel als Sinnmuster gegenwärtiger Selbst- und Weltdeutung verständlich zu machen, dann können die Kirchen, insbesondere unsere evangelische Kirche, einpacken.« (IX)

Bibel und Christentumsgeschichte: Die Bibel repräsentiert das symbolische Gedächtnis des Christentums, die Dogmen- und Theologiegeschichte, so ließe sich in Analogie sagen, das theologische Gedächtnis. Barth erarbeitet seine dogmatischen Deutungsmuster im Modus einer kritisch-konstruktiven Rekonstruktion beider Überlieferungsbestände. An welche biblischen und theologischen Ideen kann in der Weise angeknüpft werden, dass 1. ein gegenwärtig plausibler Lehrbegriff formuliert werden kann, der 2. in der religiösen Kommunikation eine individuelle Aneignung ermöglicht? Barths Konzept zielt damit auf genau das, was Luther als *fides apprehensiva* bezeichnet hat, jedoch in einem weiteren Sinne: als *religio christiana apprehensiva*.

Strukturmodell der Dogmatik: Um der subjektiven Aneignung willen werden die Leitsymbole – Schöpfung, Jenseits von Eden, Sünde, Das Dürsten der Seele, Heil, Unsichtbare Kirche, Ewigkeit – jeweils auf eine bestimmte Lebenssituation und ein Grundgefühl bezogen; beide werden schließlich einer korrespondierenden Gottesvorstellung zugeordnet (vgl. Schema auf S. 76). In der Form der Stoffbehandlung steht Barth erklärtermaßen in der Tradition Schleiermachers (Subjektbezug), Albrecht Ritschls (historische Positivität) und Emanuel Hirschs (Aneignung). So sehr die Gliederung konventionell anmuten mag, so sehr tritt hier die Dogmatik als Konzentration auf das Wesentliche (Luther), als gestaltender (Troeltsch) und schöpferischer (Tillich) Akt in Erscheinung.

Als angemessene Form gelebter christlich-protestantischer Religion – unter den Bedingungen der Moderne als Reflexionskultur und mit dem Anspruch je eigener Aneignung christlicher Deutungsmuster – bringt Barth den alten Begriff der Andacht zu neuem Adel (68 ff): »Andacht ist nicht bloß Glauben, dass Gott ist, sondern sie ist vorhanden, wenn das Subjekt [...] nicht bloß gegenständlich mit diesem Inhalt beschäftigt ist, wenn es sich hineinversenkt.« (Hegelzitat, 72) Während Barth den Andachtsbegriff vom Begriff des Gebetes absetzt, so scheint mir die Reserve gegenüber dem Glaubensbegriff protestantismustheoretisch wesentlicher zu sein. Im Hintergrund steht einerseits die neuzeitliche Krise eines personalen Theismus und andererseits die Krise eines spezifisch rechtfertigungstheologisch formierten Glaubensbegriffs. Gelebte Religion ist komplexer gebaut; der Andachtsbegriff vermag die kognitiven, emotionalen und praktischen Momente religiösen Selbstumgangs zu integrieren. Darin scheint mir ein Grund zu liegen, warum Barth nicht den Begriff der Glaubenslehre übernimmt.

Schaut man in andere aktuell gebräuchliche Dogmatiken und Dogmatiklehrbücher, so fällt zu häufig auf: Nach gut 250 Jahren Umformungskrise des Christentums werden die Bemühungen zu ihrer Bewältigung nicht wirklich durchgearbeitet, angeeignet und weitergeführt. Vieles kommt daher, als hätte es Luther, Kant, die Aufklärungstheologie, Schleiermacher & Co. nicht gegeben – oder als ginge es um eine bloße Repristination, um das, was Falk Wagner als Theologentheologie abgelehnt hat. Anders Barth: Er fragt zum einen mit großer intellektueller Redlichkeit danach, wo wir heute systematisch-theologisch stehen, was bereits geleistet wurde und was daran anknüpfend zu den zentralen Symbolen des Christentums zu sagen ist – und was auch obsolet ist. Deswegen wäre es wohl zu einfach, ihn im Jargon »postmoderner«

Pluralität von Paradigmen als Position zu verstehen. Dies wäre zwar richtig, aber doch trivial. Wer Kritik anmeldet, müsste diese auf demselben theoretischen, theologiegeschichtlich informierten und kritisch-konstruktiven Niveau vortragen.

Und zum anderen ist Barths Entwurf als Religions- bzw. Christentumstheologie zu verstehen, der es insbesondere um einen solchen Lehrbegriff zu tun ist, vermittels dessen diejenigen wieder angesprochen werden können, denen das Christentum etwas bedeutet, denen aber zugleich seine kirchliche Form suspekt und nicht mehr überzeugend erscheint, also für kritische Geister. Zugleich scheint mir aber gerade dieses Anliegen auch für eine elastische Volkskirche (Troeltsch) dringlich zu sein, will sie nicht weiter an den intellektuellen und gebildeten Rändern erodieren.

Ein praktischer Hinweis zum Schluss: Dem, der meint, keine Zeit für dicke Bücher neben dem Pfarramt zu haben, sei empfohlen, den materialen Teil jeweils themenbezogen als Predigthilfe, für Kasualansprachen, als Anregung für gemeindepädagogische Formate, für Gemeindeabende oder Impulse im Pfarrkonvent zu konsultieren. Wer etwa das Kapitel »Ewigkeit – Die Aufhebung des Lebens« gelesen hat, wird anders bei Beerdigungen, am Ewigkeitssonntag oder zu Ostern predigen.

Johann Hinrich Claussen hat auf einer Buchpräsentation an der Theologischen Fakultät Göttingen zurecht hervorgehoben: Barths Dogmatik funktioniert ohne jedweden Überwältigungsgestus, es ist kein Macht-Buch. Und gleichzeitig halte es aber auch nicht unnötig mit der eigenen Überzeugung hinter dem Berg. Man fühlt sich auf jeder Seite mit seinen eigenen Fragen und Problemstellungen verstanden.

Georg Raatz

Karl Schultz, Zwischen Kirche und Kiez. Ansichten eines Pfarrers. Mit einem Vorwort von Udo Lindenberg, Hamburg: Rowohlt Taschenbuch Verlag 2022, 174 S., 12 Euro, ISBN 978-3-499-00785-9.

Es ist schon etwas Außergewöhnliches, dass ein ehemals evangelischer Jugenddiakon aus der Mecklenburgischen Landeskirche katholischer Kiez-Pfarrer zu St. Joseph auf Hamburg-Altonas »Großer Freiheit« wird, zu dessen Gemeindebezirk die weltbekannte Reeperbahn und die Herbertstraße gehören. Aber was er erzählen kann, ist wohl noch außergewöhnlicher.

Diese theologische Autobiographie, bei der es dem Autor nicht um sich, sondern um seine mit offensichtlicher Begeisterung gelebte »Berufung« zum Pastor und Seelsorger geht, zeigt den Pfarrer von St. Joseph in einer bunten Welt, die oberflächlich betrachtet als leichtfertige Partymeile erscheinen mag. Nach der Lektüre wird die Leserschaft diese bunte Welt in der Beschreibung von Pastor Schultz in einem menschlich anrührenden, sympathischen Licht sehen, von Achtsamkeit, Nachdenklichkeit, Mitmenschlichkeit und Solidarität geprägt hinter der teils rauen Schale der Bewohnerschaft und deren deftiger, direkter Sprache.

Es handelt sich nicht um eine glatte, geradlinige Biographie, sondern um die eines mehrfachen Grenzgängers. Das gut lesbare, geradezu spannende Buch erweist sich auch als lebendige Erzählung einer menschlichen und beruflichen Entwicklung ganz ungewöhnlicher Art mit unerwartbaren Wendungen, von frühen jugendlichen und beruflichen Wegen und Umwegen zur liebevollen Zeichnung des weithin bekannten Hamburger Bezirks, einem Kiez, einer Heimat eigener Art für viele besondere Menschen, die der Autor der Leserschaft ans Herz zu legen versteht. Neben normalen und knorrigen Zeitgenossen, die selten mit einem Pastor gesprochen haben dürften, bevor Kiez-Pfarrer Karl hier einzog, stehen Bekanntschaften, Freundschaften und Zusammenarbeit mit Prominenten, die Karl Schultz zu interessanten und interessierten Gesprächspartnern, manchmal zu Freunden wurden: Udo Lindenberg, Nina Hagen, Mutter Eva Maria und Tochter Cosima Shiva Hagen, Otto Waalkes, seine Nachbarin, die Dragqueen Olivia Jones, Kneipenwirte, Türsteher, Künstler, Theaterleute und viele andere, das volle, pulsierende Tag- und Nacht-Leben von St. Pauli ...

Wie »Pastor Karl« auf der »Großen Freiheit« seine Gemeinde und viele Menschen darüber hinaus geistlich begleitet, aus der Kirche heraus zu ihnen auf die Straße, in die Clubs und Kneipen geht und von den Menschen selbst auch geprägt wird und lernt, das deutet bereits das Vorwort von Udo Lindenberg samt der von Lindenberg gezeichneten Cover-Abbildung des Autors an, wenn er von Lindenberg als »prima Kumpel« vorgestellt wird, »glaubwürdiger Sympathievertreter seiner angefochtenen Zunft«, der Lindenberg da und dort, wenn es in dessen Liedern um kirchliche, theologische, religiöse bzw. ethische Fragen geht, berät und auch mal bei Konzerten begleitet, auch als Seelsorger der »Panik-Familie«. Alle, ob evangelisch oder katholisch, die unter der »schlechten Presse« vor allem im Rahmen des »Missbrauchsskandals« am Glaubwürdigkeitsverfall der Institution Kirche, an der Austrittswelle von selbst engagierten Katholiken leiden, die nicht ihren Glauben abgeben, wenn auch die Mitgliedschaft in der Institution Kirche, sie alle können wieder Mut fassen bei der

Lektüre dieses positiven Kontrapunkts zur Missbrauchskrise der (katholischen) Kirche. Es gibt eben auch die andere Seite der Kirche, an ihrer Kirche leidende und die Hoffnung nicht aufgebende, anpackende Priester, Mitarbeitende und Gläubige ...

Karl Schultz erzählt lebendig von seiner Kindheit und Jugend im westmecklenburgischen Wittenburg. Es geht um Sinnsuche. Vom Anfang des Johannesevangeliums her erkennt er, dass »vorausgehend immer ein Wille da ist, der mich gedacht hat, ehe ich mich selber dachte und kannte, eine Liebe, die mich will«, eine »Vorgabe von Sinn, die das Tragende ist, was den Glauben ... groß macht«, Sinn als etwas, »was mich schon erwartet«. Eine Jugend in der DDR, normal und auch wieder nicht, Maurerlehre, waffenloser Dienst in der »Nationalen Volksarmee« als Bausoldat, eine Ausbildung in Greifswald und Moritzburg in Sachsen für evangelische Religionspädagogik, angeregt und begleitet durch mecklenburgische Theologen wie Folker Hachtmann, Heinrich Rathke, Peter Heidrich, viele Jahre Jugendarbeit, die ihn entscheidend prägt und wo er zahllose Jugendliche prägen kann.

Am Anfang des 4. Lebensjahrzehnts von Schultz ist durch verschiedene Umstände und inneres Suchen der nicht leichte Entschluss der Konversion zur katholischen Kirche gefallen. Nach Studium der katholischen Theologie und der Philosophie mit einer Abschlussarbeit, wo der Gutachter bedauert, dass es keine bessere Note als die »Eins« gibt, folgen Wegabschnitte als Studenten- und Jugendseelsorger in Lübeck, Pfarrer im mecklenburgischen Ludwigslust und schließlich 2010 die Pfarrei St. Joseph auf der »Großen Freiheit« in Hamburg-Altona. Hier eröffnet sich Karl Schultz eine einzigartige Aufgabe. Mit großer Offenheit, Humor und Tatkraft findet er Zugang zu den Menschen in St. Pauli, auf der Reeperbahn, in Theatern, Clubs, Kneipen, auf der berühmten »Davidwache«, begleitet sie auch und gerade in der für eine Bummelmeile besonders krassen Ausnahmesituation der Pandemie. Ihm öffnen sich die Menschen, zumal die, die sonst nichts mit Kirche »am Hut« haben.

Mehr als die Hälfte des Buches ist prall gefüllt mit berührenden, auch skurrilen und oft sehr überraschenden Begegnungen, Gottesdiensten, ökumenischen Aktionen, Ausstellungen, z.B. Udo Lindenbergs gemalten 10 Geboten in St. Joseph, die das Bonifatiuswerk später auch mit großem Zuspruch in Paderborn und Münster zeigt und, wie man hört, künftig wohl auch im Vatikan gezeigt werden soll. Wenn weniger Menschen in die Kirche kommen, geht Pastor Karl zu den Menschen. Der Wirt der Kneipe namens »Sünde« stellt ihm zweimal monatlich Tisch und Stuhl in eine Ecke mit dem Motto: »Pfarrer Karl hat ein Ohr« – und Menschen kommen und Karl hört zu. Solche Begegnungen und die Offenheit vieler Kiez-Bewohner diesem Pfarrer gegenüber, den der Norddeutsche Rundfunk als »Der gute Geist von St. Pauli« bezeichnet, führen ihn auch zu drängenden Fragen nach einer »Verheutigung der katholischen Lehre«, »wie lebensnah ist sie noch?«

Das Buch liest sich streckenweise wie eine aufrüttelnde Pastoraltheologie für heutige urbane Räume. Dabei gelingen Pastor Karl analytische und programmatische Formulierungen, Gedanken und Sätze von eindringlicher Aktualität und geistlicher Tiefe, die aus dem Schatz kirchlicher Traditionen stammen, wohl auch aus den Traditionen und Praktiken der Evangelischen Michaelsbruderschaft, der er früher in Mecklenburg angehörte. Er schont seine eigene Kirche nicht, wenn er aus seiner menschenverbundenen täglichen Praxis bohrende Fragen an die Institution »Katholische Kirche« stellt. Er versteht sich als »Übersetzer« im weitesten Sinne zwischen Kirche und Kiez. Er fasst den »Mann aus Rom« und den »Mann aus Nazareth«, auch den »Synodalen Weg« ins Auge und arbeitet und wünscht sich »Erneuerung der Kirche«, die »Umkehr zu den Wurzeln der Kirche« mit der Verheißung eines »neuen Frühlings«.

Dies ist ein in hohem Maße ermutigendes, kurzweiliges und durchaus kritisch-konstruktives, kluges und nachdenkliches, nirgends belehrendes, manchmal augenzwinkernd-humorvolles Buch eines katholischen Pfarrers, der seine protestantischen Wurzeln nicht verleugnet und »seine Mission« gefunden hat, was man – selbst inspiriert – auf jeder Seite spürt, ein Buch für heute, genau zur rechten Zeit.

Hermann Michael Niemann

Adressen

der Mitarbeiterinnen und Mitarbeiter:

Pfarrer PD Dr. Luca Baschera, Landvogt Waser-Straße 36, CH-8405 Winterthur, luca.baschera@gmail.com • Rolf Gerlach, Schaapenstraat 26 (0201), B-2140 Antwerpen-Borgerhout, rolfgerlach@hotmail.com • Vizepräsident Dr. Horst Gorski, Kirchenamt der EKD, Herrenhäuser Str. 12, 30419 Hannover, horst.gorski@ekd.de • Wilgard Hartung, Carl-Barth-Straße 16, D-42781 Haan • Christoph Kuhn, Advokatenweg 3A, D-06114 Halle (Saale), info@kuhn-christoph.de • Pfarrer Dr. Frank Lilie, Kloster Kirchberg, D-72172 Sulz am Neckar, frank.lilie@klosterkirchberg.de • Militärdekan Dr. Roger Mielke M.A., Kunosteinstr. 5, D-56566 Neuwied, rmielke@uni-koblenz.de • Prof. (em.) Dr. Hermann Michael Niemann, Sildemower Weg 18a, D-18059 Rostock, hmn@uni-rostock.de • Oberkirchenrat Dr. Georg Raatz, Wallmodenstraße 47, D-30625 Hannover, georg.raatz@freenet.de • Ltd. Dekanin Petra Reitz, Thüringer Allee 139, D-53757 Sankt Augustin, petra.reitz@ekir.de • Dipl. Ing. Christian Schmidt, Deutz-Mülheimer Straße 262b, D-51063 Köln, schmidt@cs-postbox.de • Pfarrer Dr. Heiko Wulfert, Kirchgasse 12, D-65326 Aarbergen, hwulfert@gmx.net

Das Thema des nächsten Heftes wird »Hoffnung« sein.

Quatember
Vierteljahreshefte für Erneuerung und Einheit der Kirche
Herausgegeben von
Helmut Schwerdtfeger und Matthias Gössling im Auftrag der
Evangelischen Michaelsbruderschaft, des Berneuchener Dienstes
und der Gemeinschaft St. Michael
Schriftleitung
Roger Mielke
Manuskripte bitte an:
Dr. Roger Mielke · Kunosteinstraße 5 · D-56566 Neuwied,
Telefon (0 15 77) 6 39 97 42, rmielke@uni-koblenz.de
Edition Stauda
Evangelische Verlagsanstalt GmbH, Leipzig
86. Jahrgang 2022, Heft 3

Bestellungen

Mitglieder der Evangelischen Michaelsbruderschaft, der Gemeinschaft
St. Michael sowie des Berneuchener Dienstes richten ihre Bestellungen ebenso wie alle Änderungen nur an ihre jeweilige Gemeinschaft.
Nichtmitglieder richten ihre Bestellungen ebenso wie alle Änderungen nur
an den Bestellservice oder an den Buch- und Zeitschriftenhandel. Abos können zum Jahresende mit einer Frist von einem Monat beim Bestellservice
gekündigt werden.

Vertrieb: Evangelische Verlagsanstalt GmbH · Blumenstraße 76 · 04155 Leipzig
Bestellservice: Leipziger Kommissions- und Großbuchhandelsgesellschaft
(LKG) · Frau Yvonne Stemmler · An der Südspitze 1–12 · 04579 Espenhain
Tel. +49 (0)3 42 06-65-108 · Fax +49 (0)3 42 06-65-110
E-Mail: yvonne.stemmler@lkg.eu

Preise: Einzelheft: EUR 9,00, *Jahresabonnement:* EUR 35,00 jew. inkl. Versand

Covergestaltung: Kai-Michael Gustmann, Leipzig
Satz: druckhaus köthen GmbH & Co. KG, Köthen
Druck: Elbe Druckerei Wittenberg GmbH

ISSN 0341-9494 · ISBN 978-3-374-07265-1

www.eva-leipzig.de